IDIOMAS LAROUSSE

INGLÉS
Comunicar

Usted puede adquirir esta obra en dos versiones:
- *Estuche*, con tres casetes y libro
- *Libro*, únicamente

Inglés comunicar

© Langues pour tous & Presses Pocket

D. R." © MCMXCII, por Ediciones Larousse, S. A. de C. V.
Dinamarca núm. 81, México 06600, D. F.

*Esta obra no puede ser reproducida, total o
parcialmente, sin autorización escrita del editor.*

PRIMERA EDICIÓN — 28ª reimpresión

ISBN 2-266-02136-2 (Langues pour tous)
ISBN 970-607-133-4 (Ediciones Larousse)

*Larousse y el Logotipo Larousse son
marcas registradas de Larousse, S. A.*

Impreso en México — Printed in Mexico

IDIOMAS LAROUSSE

INGLÉS
Comunicar

Ross Charnok   Michel Marcheteau

Michel Savio   Jean-Pierre Berman

Amelia Elvira García   Jaime Gómez Mont

LAROUSSE

Av. Diagonal 407 Bis-10   Dinamarca 81   21 Rue du Montparnasse   Valentín Gómez 3530
08008 Barcelona   Mexico 06600, D. F.   75298 Paris Cedex 06   1191 Buenos Aires

Signos y abreviaturas principales

adj.	adjetivo	pop.	lenguaje popular
adv.	adverbio	p.p.	participio pasado
alg.	alguien, alguno	prep.	preposición
cf.	confróntese, véase el..., consúltese	pron.	pronombre
		sb.	somebody
comp.	compendio gramatical	**sg.**	singular
		s.o.	someone
conj.	conjunción	**sth.**	something
cual. c.	cualquier cosa	I.M.	inglés moderno
Esp.	español	v.	verbo
I.T.	inglés tradicional	/	indica selección entre varias opciones
leng. c.	lenguaje culto		
lit.	literal, palabra por palabra	(...)	indica omisiones posibles o explicaciones
inf.	infinitivo		
n.	nombre		
no.	número	≠	diferente de, contrario a
obs.	observación		
p.	página		
pers.	personal		
pl.	plural		

Pronunciación

Se ha tomado de la nueva transcripción —Alfabeto Fonético Internacional modificado— adoptado por A.C. GIMSON en la 14a. edición del *English Pronouncing Dictionary* de Daniel JONES (Dent, London) y Ediciones Larousse.

Sonidos vocálicos

[i:] como en SEAT
[ɪ] como en SIT
[e] como en BED
[æ] como en CAT
[ɑ:] como en FATHER
[ɒ] como en NOT
[ɔ:] como en DOOR
[ʊ] como en PUT
[u:] como en MOON
[ʌ] como en DUCK
[ɜ:] como en BIRD
[ə] como en DOCTOR

Diptongos

[eɪ] como en DAY
[əʊ] como en BOAT
[aɪ] como en MY
[aʊ] como en NOW
[ɔɪ] como en BOY
[ɪə] como en HERE
[eə] como en THERE
[ʊə] como en POOR
como en GO

Sonidos consonantes

[p] como en POT
[b] como en BOY
[t] como en TEA
[d] como en DOWN
[k] como en CAKE
[g] como en GIRL
[tʃ] como en CHILD
[dʒ] como en JOY
[f] como en FAT
[v] como en VERY
[θ] como en THICK
[ð] como en THIS

[s] como en SEE
[z] como en EASY
[ʃ] como en SURE
[ʒ] como en PLEASURE
[h] como en HOT
[m] como en MOTHER
[n] como en NOW
[ŋ] como en THING
[l] como en LOVE
[r] como en RICH

Semi consonantes

[j] como en YES
[w] como en WITH

Acentuación

′ acento único o principal, como en MOTHER [ˈmʌðə]
′ acento secundario como en PHOTOGRAPHIC [ˌfəʊtəˈgræfɪk]

Contenido

Introducción   8-9

1 SUGGESTIONS   10-13
2 DIRECTIONS   14-17
3 INVITATIONS   18-21
4 INSTRUCTIONS   22-25
5 MAKING PLANS   26-29
6 INSISTANCE   30-33
7 CLARIFICATION   34-37
8 PERSUASION   38-41
9 DISSUASION   42-45
10 EXPLANATIONS   46-49
11 APOLOGIZING   50-53
12 THANKS   54-57
13 PREFERENCES   58-61
14 CONGRATULATIONS   62-65
15 COMPLAINTS   66-69
16 SURPRISE   70-73
17 WORRIES   74-77
18 DISLIKE   78-81
19 PAYING   82-85
20 CLASSIFICATION   86-89
21 AGREEMENT   90-93
22 DISAGREEMENT   94-97
23 PERMISSION   98-101
24 REFUSALS   102-105
25 DISAPPOINTMENT   106-109
26 RELIEF   110-113
27 ADVICE   114-117
28 PROMISES   118-121
29 LEAVING   122-125
30 GENERALIZATION   126-129
31 CONFIRMATION   130-133
32 POSTPONING   134-137
33 MESSAGES   138-141
34 ENQUIRIES   142-145
35 CONDITIONS   146-149
36 CONCESSION   150-153
37 DOUBT AND CERTAINTY   154-157
38 FACTS   158-161
39 POSSIBILITIES   162-165
40 CONCLUSION   166-169

Índice gramatical

APÉNDICES

EJERCICIOS: preguntas y respuestas   171

COMPENDIO GRAMATICAL   213

1. El sustantivo.   214
2. El adjetivo, el adverbio.   215
3. El artículo.   216
4. Pronombres indefinidos.   218
5. Cuantificación.   219
6. Las preposiciones, las postposiciones.   221
7. El verbo: 223
    7.1 La interrogación (forma interrogativa).   223
    7.2 La negación (forma negativa).   224
    7.3 **Do**.   225
    7.4 El pasivo (voz pasiva).   226
    7.5 Verbos modales.   227
    7.6 La forma en **-ing** (participio presente).   230
    7.7 Tiempos pretéritos.   232
    7.8 Respuestas cortas y preguntas de confirmación.   234
8. Concordancia de tiempos.   235
9. Las proposiciones relativas.   236
10. La frase compuesta y sus subordinadas.   237
11. Algunas distinciones difíciles.   239

VOCABULARIO   243

Introducción

Objetivos

Esta obra tiene por objeto desarrollar las habilidades de comunicación en lengua Inglesa, de acuerdo con diversos tipos de interlocutores y situaciones.

INGLÉS PARA TODOS

— Le enseña cómo:
  • pedir informes;
  • expresar un deseo;
  • hacer valer un punto de vista;
  • manifestar una pena, etcétera.

— Le enseña las expresiones idiomáticas propias de las diferentes modalidades de la lengua.

— Le previene contra aquellos errores en que más incurren los hispanohablantes.

— Le facilita una revisión sistemática de las estructuras del inglés.

Este libro permite tanto a los alumnos como a todos aquellos que deseen aprender el inglés, enriquecer sus estructuras lingüísticas y mejorar la precisión, la variedad y la espontaneidad de sus expresiones.

Es útil para aquellos viajeros y profesionistas que se dedican a los negocios. Los orienta para escoger la expresión idiomática más fiel a su pensamiento, así como la más adecuada para obtener la información requerida.

Dentro de la colección, INGLÉS PARA TODOS, este método constituye una etapa intermedia entre INGLÉS PARA TODOS — INICIACIÓN e INGLÉS PARA TODOS—PRACTICAR.

Contenido

— La obra comprende 40 unidades de 4 páginas cada una. Cada unidad cubre una función de la comunicación.

— La primera página presenta dos diálogos en inglés cuya amplitud y grado de dificultad aumentan progresivamente.

8

— La segunda página propone un conjunto de notas y observaciones —gramaticales y de vocabulario—, así como aquellos elementos de traducción necesarios para la perfecta comprensión de los diálogos:

> **Todas las palabras que se incluyen en los diálogos aparecen traducidas en el vocabulario que se presenta al final de la obra.**

— La tercera página aporta diversas expresiones idiomáticas y un vocabulario de apoyo cuya función comunicativa es la misma. Además, precisa las diferencias entre:

- lengua escrita y lengua hablada
- lenguaje popular y lenguaje culto
- inglés tradicional e inglés moderno

De esta manera, ayuda a desarrollar las habilidades de comunicación en términos de distintos tipos de situaciones y audiencias.

— La cuarta página presenta un número de ejercicios con sus respectivas respuestas y un tema de aplicación que permite emplear las expresiones utilizadas en los diálogos de la primera página.

Consejos para lograr un mejor aprovechamiento

— Léanse varias veces los diálogos de la página 1.
— Consúltense las notas de la página 2.
— Repásense el apéndice gramatical y el vocabulario al final del volumen.
— Estúdiese la página 3 y compárense las expresiones propuestas con las de la página 1.
— Vuélvase a leer la página 1 y antes de traducir el tema de aplicación háganse los ejercicios de la página 4.

Grabaciones

Los casetes contienen:
— la grabación íntegra de los diálogos 1 y 2.
— varios ejercicios de repetición.
— un número de preguntas acerca del diálogo 2, incluyendo sus respuestas.

Diálogo 1

— Would you like[1] to see a movie tonight, or would you prefer to go to a bar?
— Why don't we call[2] Peter and Mary and see what they'd[3] like to do?
— Let's do that[4]. But I suspect[5] Peter would rather go[6] to a bar.
— I'm not sure. He may have something else to suggest[7]. We'd better call[8] them now. It's already six o'clock.

Diálogo 2

J. = James   M. = Mary   C. = Carol

J. — It's Carol's birthday next week[9]. What shall we do?
M. — Um... We could go to the movies.
J. — Oh no, it's too boring[10]. We go there every week.
M. — Well, what about going[11] to the theatre instead? That would make a change[12].
J. — That's an idea. But I don't know. It's rather expensive, and anyway[13], I shouldn't think they have enough tickets left[14] for Saturday[15] evening.
M. — Oh yes, you're right. I was forgetting[16] it was for Saturday. Well then, why don't we have a party[17]?
J. — That's it. That's what we should do. Have a party[18]. We just have to get enough food[19] and drink, and then we can invite all our friends. That way[20] we can have a real celebration[21].
M. — We'd better ask Carol first if she agrees.
C. — That's fine by me[22]. Especially if you're going to make all the arrangements[23]!

prefer	[prɪˈfɜ:]	enough	[ɪˈnʌf]
suggest	[səˈdʒest]	to forget	[fəˈget]
already	[ɔlˈredɪ]	celebration	[selɪˈbreɪʃn]
change	[tʃeɪn(d)ʒ]	especially	[ɪsˈpeʃlɪ]
idea	[aɪˈdɪə]	arrangements	[əˈreɪndʒmənts]
expensive	[ɪksˈpensɪv]		

1. *quisiera usted, le gustaría, quiere usted.* Obsérvese la construcción: would you like me to do it? *¿Quiere que yo lo haga?*
2. existe también: why not call... (en este caso why o why not están seguidos del infinitivo sin to). Atención: to call somebody (on the phone) *telefonear (hablar por teléfono) a alguien.* Sin embargo existe to call on somebody, *visitar a alguien.*
3. they'd like = they would like.
4. let's = let us. Obsérvese el empleo de that que remite a lo dicho anteriormente. Si se quisiera decir: *he aquí lo que vamos a hacer,* se emplea let's do this.
5. to suspect significa muchas veces *sospechar, tener la impresión de.*
6. I would rather o I had rather, *me gustaría más que, preferiría,* se contractan a veces en I'd rather y siempre seguido del infinitivo sin to.
7. atención a la pronunciación [sə'dʒest]. Obsérvese esta forma de subjuntivo en inglés después de este verbo: I suggest that he go, *yo sugiero que él vaya...*: se emplea sin to.
8. we'd better call = we had better call. I had better, *sería mejor (para usted),* está siempre seguido del infinitivo sin to. We better call es la forma familiar de we'd better call.
9. obsérvese la ausencia de artículo. Lo mismo sucede con last month, last week.
10. boring: *aburrido;* a bored: *una persona* (o *actividad*) *aburrida,* he's such a bore person, *¡él es tan aburrido!*
11. what about + forma verbal -ing o sustantivo : *¿qué diría usted de...?* what about me? *¿y yo?*
12. cuidado con la pronunciación [tʃeɪn(d)ʒ]: es el sonido [eɪ] de rain, baby, etc.
13. *de todas maneras o de todas formas.*
14. *no tengo más dinero,* I have no money left.
15. en inglés, la mayúscula inicial es obligatoria para los días y los meses.
16. *había olvidado.* I forgot corresponde a *olvidé.*
17. party: palabra con significado muy amplio cuyo sentido va desde *recepción* hasta *fiesta o reunión entre amigos,* etc., además de *grupo* o *partido:* a party of tourists, *un grupo de turistas.*
18. significa: we should have a party.
19. enough se coloca antes de un sustantivo: we have enough food, y después de un adjetivo: it isn't big enough o de un verbo: have you had enough?
20. o in that way; la forma sin in es la más frecuente. That remite a lo dicho con anterioridad.
21. to celebrate: *festejar.*
22. *me queda bien, está bien para mí.* Se puede encontrar también that's fine with me.
23. to make all the arrangements: *ocuparse de todo, preparar todo.* To arrange, arrangements se pronuncian con el sonido [eɪ] como en change.

1 - Otras formas de hacer una sugerencia

how about...?	¿qué diría usted de...?
would you care for (a drink, a walk, etc.)?	¿le gustaría,/qué diría de ir a (tomar una copa, dar un paseo, etc.)?
what would you say to (a drink, etc.)?	¿le gustaría...? ¿qué dice si...?
shall we...?	¿y si nosotros...? Utilizado frecuentemente como un imperativo de cortesía. Ej.:
shall we leave now?	¿partimos ya? = es hora de partir
I wondered whether we could...	me preguntaba si podríamos...
don't you think we could...	no piensa usted que...
would it be convenient to you if we...	le convendría.../si...

2 - Lenguaje culto:

I venture to suggest	me atrevo a sugerir
would you object to + -ing	tendría usted alguna objeción en...

3 - Lenguaje popular:

I say, why don't we...	digo, ¿por qué no...?
let's give it a try	intentemos, tratemos de

4 - Obsérvense las construcciones:

would you mind + -ing	es frecuentemente una orden disfrazada:
would you mind closing the door?	¿le molestaría cerrar la puerta? = ¿quiere cerrar la puerta?

Por el contrario:

I wouldn't mind + -ing	sugerencia indirecta y cortés: no me molestaría...

distinguirla de:

do you mind if I smoke/do you mind my smoking?	¿le molesta si fumo?
do you feel like going to...	tiene usted ganas de ir a...
do you feel like a drink? (popular)	¿tienes ganas de tomar algo?

5 - Memorícense las siguientes expresiones:

don't you think we should...	no piensa usted que deberíamos...
may I suggest that...	permítame sugerirle que...
I was just thinking we could/might	justamente estaba pensando que nosotros podríamos...

A Complétese

1. I suggest we (to call) them now.
2. We'd better (to ask) her first.
3. Would you mind (to open) the door?
4. Why not (to go) now?
5. Do you feel like (to invite) our friends?

B Tradúzcanse los diálogos de la p. 10 (proporcionando las respuestas correspondientes):

1. ¿Por qué no telefoneamos a los Martin para ver si tienen ganas de ir al teatro esta noche?
2. Es muy caro. Tú sabes que no tenemos más dinero. Y, de todas maneras, no pienso que haya boletos.
3. ¿Qué tal si mientras vamos a un bar?
4. Es buena idea. Está bien para mí. ¡Vamos a un bar! Pero preguntemos primero a los Martin si están de acuerdo.
5. Sería mejor llamarlos ahora, ya son las seis.

Respuestas

A 1. I suggest we call them now.
   2. We(d') better ask her first.
   3. Would you mind opening the door?
   4. Why not go now?
   5. Do you feel like inviting our friends?

B 1. Why don't we call the Martins* and see if they feel like going to the theatre tonight?
   2. It's too expensive. You know we have no money left. And anyway, I don't think they have any tickets left.
   3. What about going to a bar, then?
   4. That's an idea. That's fine with me. Let's go to a bar! But let's ask the Martins first if they agree.
   5. We('d) better call them now, it's already six o'clock.

* Obsérvese que en inglés los apellidos pueden pluralizarse.

¡ATENCIÓN!

1. I'd better, I had better   *sería mejor.*
   I'd rather, I would rather   *preferiría, me gustaría más*

2. I suggest that he come   I recommend that she do it.
   I demand that it be done   I insist that he apologize

Estos verbos seguidos de **that** se acompañan de un infinitivo sin **to**.

Diálogo 1

— Excuse me, is this[1] the right road for San Francisco?
— You're going in the wrong direction[2]. You'll have to turn round, go straight ahead, and then turn to the right about a mile from here.
— I thought so[3]. I should have turned[4] left after the bridge.
— That's right. And then you just go straight on[5]. It's about 5 miles.

Diálogo 2

V. = visitor   R. = resident

V. — Excuse me, do you know this area at all[6]?
R. — I should do[7] I've been living here[8] long enough[9]. Are you lost then?
V. — Well, I'm looking for the station. Could you tell me if I'm going in the right direction, please?
R. — No, I'm afraid[10] you're not[11]. You must have taken[12] a wrong turning somewhere.
V. — Oh dear! I thought so[3]! Well, d'you[13] think you could tell me the best way to get there from here, please? I hope it's not far.
R. — No, it'll[13] only take about a quarter of an hour[14] to walk it[15]. You should go back down this road[16], the way you came[17], turning right at the traffic lights into the Commercial Center, towards downtown, and then take a second turning on the left, just after Bobby's Bar [18]. You'll see it signposted. It's at the end of that[19] street.
V. — Thanks. Right at the traffic lights, and then the second on the left. Is that right?
R. — That's it. It's about half a mile[14] altogether[20]. You can't miss it.
V. — Thanks very much[21], I'm very grateful. Goodnight[22].
R. — You're welcome. Goodnight.

road	[rəud]	hour	[auə]
direction	[dɪˈrekʃn]	walk	[wɔːk]
	[daɪˈrekʃn]	commercial	[kəˈmɜːʃl]
straight	[streɪt]	signposted	[saɪnˈpəustɪd]
ahead	[əˈhed]	half	[haːf]
thought	[θɔːt]	altogether	[ɔltəˈgeðə]
area	[ˈeərɪə]		

14

1. **this**, pron. demostrativo, designa un objeto cercano: *éste, ésta, ése, ésa, esto*; cf. 19.
2. atención a la doble pronunciación de todos los derivados de (**to**) **direct** [dɪˈrekt] o [daɪˈrekt]: **directly** [dɪˈrek(t)lɪ] o [daɪˈreklɪ]; **director** [dɪˈrektə] o [daɪˈrektə].
3. **I thought so**: lit. *yo pensé así = así lo pensé*, (eso) *es lo que yo pensaba.*
4. **I should have turned**: condicional en pasado: *yo habría girado* —más usual *debería de haber girado.*
5. **straight on**: *derecho (en el camino).*
6. **at all**: *por completo, totalmente, del todo.*
7. **I should do**: *yo debería, estoy pensando si la conozco*, respuesta a **do you know...?**
8. **I've been living**: present perfect en **-ing**, *he vivido aquí desde hace bastante tiempo* (cf. comp. 7.7).
9. **long enough**: obsérvese el lugar del adverbio **enough**: 1) después del adjetivo (como aquí); 2) después del verbo: **you've eaten enough** *has comido suficiente*; 3) antes o después del sustantivo: **enough money, money enough**: *suficiente dinero.*
10. **lost**: p.p. de **to lose**, *perder*; **to be lost**, *estar perdido*; **to get lost**, *perderse.*
11. **I'm afraid you're not**: sobrentendido, **going in the right direction. I'm afraid**, *me temo que*, precede a una mala noticia o a una respuesta negativa.
12. **must** implica una necesidad absoluta o, como en este caso, una posibilidad más significativa: *usted debió de tomar...*
13. **d'you** = **do you**, contracción frecuente, lo mismo que **it'll** = **it will**.
14. **a quarter of an hour**: *un cuarto de hora*: obsérvese el artículo **an**; **hour** [auə]: una de las raras palabras en inglés junto con **honor** [ˈɔnə] y sus derivados, **vehicle**, [ˈviːɪkl] *vehículo*, **heir** [eə], *heredero*, en donde la **h** no se pronuncia.
15. **to walk it**: *para recorrer el trayecto a pie.*
16. *yo regresaré por la misma carretera en el otro sentido*; **back**; postposición, da la idea de regreso; **down**, preposición, *camina en, a lo largo de, más abajo.*
17. **the way you came**: *por donde usted vino.*
18. *Bobby's Bar*, nombre popular entre los bares de Estados Unidos.
19. **that** remite a un objeto o a un lugar alejado o que no se puede ver: *este, ese, aquel..., aquella, esa*, etc. cf. 1.
20. **altogether**: *totalmente, por completo, en conjunto.*
21. **thanks (very much)**: *(muchas) gracias*, también puede decirse **many thanks, thank you**, etc.
22. **goodnight** = **good night**. En inglés se utiliza **good morning, good afternoon, good evening**, y se traducen según el caso por *buenos días, buenas noches*, o como aquí, *adiós.*

1 - Otras formas de dar indicaciones:

how far is it to...?	¿qué tan lejos está...? ¿a qué distancia estamos de...?
how long would it take to...?	¿cuánto tiempo se hace para llegar a...?
how long would it take by bus, by car?	¿cuánto tiempo toma en autobús, en coche?
it's a five minutes' walk; it's a 5-minute walk	se hacen 5 minutos (a pie)
a 2-mile walk	un paseo (caminata) de dos millas
a two-hour drive	a dos horas en coche

2 - Landmarks (señales):

bus stop	parada de autobús
crescent-shaped street	calle en curva/circular
plaza	plaza, zócalo
junction, crossroads	crucero, intersección
level crossing	pasaje en desnivel
police station	inspección de policía.
(railway) station	estación de ferrocarril
post-office	oficina de correos
square	plazuela
taxi rank	estación (sitio) de taxis
City Hall, Town Hall	ayuntamiento, presidencia municipal.

3 - Indicaciones escritas:

located/set in/at...	situado en...
only four miles from...	solamente a cuatro millas de...
within easy reach of (...)	dentro del área de, cerca de
the entrance is facing the garage	la entrada está frente al garage

4 - Otras expresiones (IM):

a block	una cuadra (conjunto de casas)
downtown (adv.)	en la ciudad, en el centro
railroad crossing/Xing	crucero de ferrocarril
take a left here!	¡dé vuelta a la izquierda, aquí!
taxi stand	sitio de taxis
to make a left/right (turn)	dar vuelta a la izquierda/a la derecha
uptown (adv.)	en las afueras de la ciudad, en las zonas residenciales

5 - Empleo de preposiciones:

across the street from the post-office	frente al correo
at the station	en la estación
in New York	en Nueva York

to go **to** New York	ir a Nueva York
off Los Angeles Road	una calle que da (o desemboca) a la carretera a Los Angeles
on Washington Street	(en, hacia) la calle Washington
on the righthand/lefthand side	a mano derecha/ a mano izquierda.

> Con cierta frecuencia los americanos se sitúan con relación a los bares, v. gr.: across Sandy's bar, close to Blue Beach Bar, two blocks from The Gypsys' Bar, etc.

Directions | **Ejercicios** | 2-4

A Poner en pasado:

1. You should turn left.
2. You should go straight on (ahead).
3. You should take the second turning.
4. You should go back down this road.
5. You should walk there.

B Tradúzcase:

— Busco la estación. Me temo que estoy perdido. ¿Puede decirme si voy en la dirección correcta?

— No he vivido aquí por mucho tiempo y desconozco el lugar por completo. Pero creo que usted debería haber dado vuelta a la derecha después del puente. Usted puede ir (seguir) derecho y tomar la segunda calle a la derecha después del semáforo. La estación está al final de esa calle. Usted verá la señal en un cartel. Le tomará un cuarto de hora si se va a pie.

Respuestas

A
1. You should have turned left.
2. You should have gone straight on (ahead).
3. You should have taken the second turning.
4. You should have gone back down this road.
5. You should have walked there.

B
— I'm looking for the station. I'm afraid I'm lost. Could you tell me if I'm going in the right direction?

— I haven't been living here long, and I don't know the area at all. But I think you should have turned right after the bridge. You can go straight on (ahead) and take the second street on the right after the traffic-lights. The station is at the end of that street. You'll see it signposted. It'll take about a quarter of an hour to walk it.

Diálogo 1

— Would you like to come and have dinner[1] with us on Tuesday evening? Elizabeth has been telling me I should invite you both for ages[2].
— With pleasure, as long as[3] she doesn't take too much trouble[4]. What time[5] would like us to come[6]?
— Between seven thirty and eight o'clock. That way you'll be able to[7] see the children before they go to bed[8].

Diálogo 2

M. = Mary   J. = John

M. — Oh, there you are, John! I was wondering if you'd still be[9] here.

J. — Hello, Mary. How are you[10]? Were you looking for me, then[11]?

M. — Yes. Listen[12], will you be free next Saturday night[13]? We're having[1] a party[14]. Would you like to come?

J. — This coming Saturday, do you mean? That would be great[15]. Thank you very much. No, wait a minute, I forgot. I won't be able to[7] come. My brother's[16] coming to stay this weekend. I'll be busy.

M. — That's all right. He can come too. I was going to say you could bring a friend. There'll[16] be plenty of room[17] and I'm sure the others would like to meet him.

J. — All right then that's agreed. By the way[18], what are you celebrating? Anything in particular?

M. — Well, yes. It's Carol's birthday. But that's just an excuse really.

J. — That's good. I'll bring a few bottles[19] with me, shall I[20]?

M. — Yes, a few more bottles[21] always come in useful[22]. But we won't be able to go on[23] too late. The neighbours start to grumble if we make too much noise.

invitations	[ɪnvɪˈteɪʃnz]	listen	[lɪsn]
Tuesday	[ˈtjuːzdɪ]	Saturday	[ˈsætədɪ]
both	[bəʊθ]	busy	[ˈbɪzɪ]
for ages	[fərˈeɪdʒɪz]	celebrating	[ˈseləˈbreɪtɪŋ]
pleasure	[ˈpleʒə]	particular	[pəˈtɪklə]
trouble	[trʌbl]	birthday	[ˈbɜːθdeɪ]
wondering	[ˈwʌndrɪŋ]	neighbours	[ˈneɪbəz]

18

1. to come and have dinner: *venir a cenar*; to go y to come van muchas veces seguidos de and en lugar de to para introducir un verbo en infinitivo: I'll go and see him, *yo iré a verlo*.

2. has been telling me... for ages: *me ha repetido por una eternidad*; la forma terminada en -ing marca la insistencia.

3. *desde el momento en que, tanto tiempo como* y algunas veces *puesto que*, no van seguidas del futuro.

4. too much + sustantivo en singular: *demasiado de...*; (to take) too much trouble, *tomarse mucha molestia, preocuparse mucho*. En plural, too many + sustantivo en plural: too many cars, too many boys, *muchos carros, muchos niños*.

5. what time; elisión de la preposición. Se usa frecuentemente para designar la hora o la fecha: what day = on what day.

6. *¿a qué hora te gustaría que viniéramos?*

7. You'll be able to see: *tú podrás ver...* Can siendo defectivo, puede sustituirse por to be able to en futuro.

8. *antes de que se acuesten*; before + indicativo (cf. comp.).

9. still: *aún, siempre* = continuación de la acción anterior. *Siempre = todo el tiempo*: always (cf. 22) He always complains, *él siempre se queja*.

10. how are you?; *¿cómo estás?* (I'm) fine, thanks; *bien, gracias*, o not too bad, and you?, *no tan mal, ¿y tú?*, etc.

11. aquí: *pues, así, entonces*; comúnmente: *enseguida, en este momento*...

12. listen [lɪsn]: *escucha, escuche(n)*; obsérvese que el complemento es introducido en la frase por to: listen to me, *escúchame*.

13. *el próximo sábado en la noche, este sábado en la noche*; nunca the antes de next, last, que sitúan una fecha en relación al momento en que se habla: last week, next month, *la semana pasada, el mes próximo* (cf. comp. 3).

14. to have a party: *hacer una fiesta*.

15. great [greɪt]: *grandioso, magnífico, estupendo, perfecto*.
    En este caso: *genial, fantástico*. Grande: big, large, tall, etc.

16. my brother's = my brother is. There'll be = there will be.

17. plenty of room: *mucho lugar*, en vez de la forma tradicional much + singular o many + plural.

18. by the way: a propósito, de hecho.

19. a few bottles: *algunas botellas*. A few + sustantivo en plural, pero a little + sustantivo en singular, el mismo funcionamiento que much y many (cf. comp.).

20. shall I?: *¿de acuerdo? ¿tú qué piensas?*: indica que se desea una confirmación de parte del interlocutor.

21. *algunas botellas más*. Se tendría lo mismo con un singular, a little more wine, *un poco más de vino*.

22. *mostrarse útil*. Obsérvese el empleo de always.

23. *proseguir, continuar*. El verbo que sigue está en la forma terminada en -ing: we went on drinking and singing.

1 - Otras formas de hacer una invitación:

we'd be so happy if you would...	nos daría mucho gusto que Ud. quisiera...
feel free to call whenever you are in town	no dude en llamar cuando esté en la ciudad
it would be a real pleasure to...	nos daría muchísimo gusto que...
it'd be nice if you could join us	sería verdaderamente un placer que usted pudiera reunirse con nosotros
let me introduce you to...	permítame presentarle a...
we'll be glad to a	será un placer, con gusto, encantado (respuesta a una invitación)

2 - Más familiarmente:

the more the merrier	cuantos más haya, mejor
to drop in; to drop by	presentarse/llegar (a casa de alguien) de improviso.
to take pot luck	comer lo que haya
to be fully booked	tener muchos compromisos
to throw a party (IM)	dar una fiesta

3 - Más formalmente:

Mr and Mrs Baker request the pleasure of your company	El Sr. y la Sra. B. se sentirán muy honrados con su presencia
Mr and Mrs B would be pleased if you would attend...	El Sr. y la Sra. B. se ponen a sus órdenes en...
Mr and Mrs B will be at home on...	
an "at home"	una invitación a una fiesta.
to send (out) invitations	enviar invitaciones
to have a previous engagement	tener compromiso hecho (rechazo cortés de una invitación)
to extend greetings	mandar saludos, felicitaciones.
to congratulate	felicitar
please extend my best regards to...	expreso mis mejores deseos a...
to invite to dinner	invitar a cenar
formal dress	traje de etiqueta

---

* George Bernard Shaw recibió un día esta invitación:

"Mr and Mrs XXX will be at home on. . ."	«El Señor y la Señora XXX le recibirán. . . (lit.: estarán en casa. . .)»
He wrote back: "So will I!. . ."	Él contestó: «*Yo también*!»

A Complétese con la preposición correcta:

1. Come and visit us... Monday evening.
2. We haven't seen them... ages.
3. The children are going to go... bed early.
4. Listen... me!
5. Wait... us!

B Escríbanse las formas verbales:

1. To tell.	4. To go.	7. To meet.
2. To take.	5. To stay.	8. To make.
3. To come.	6. To bring.	9. To forget.

C Tradúzcase:

1. Los buscaba. ¿Quieren venir a cenar con nosotros el sábado próximo? Celebramos el cumpleaños de mi hermano.
2. Con (mucho) gusto. Hace siglos que no he visto a Peter ¿A qué hora quiere usted que vengamos?
3. Entre las siete y las ocho. De esta forma ustedes verán a los niños antes de que se vayan a dormir.

Respuestas

A 1. **on**; 2. **for**; 3. **to**; 4. **to**; 5. **for.**

B 1. tell, told, told; 2. take, took, taken; 3. come, came, come; 4. go, went, gone; 5. stay, stayed, stayed; 6. bring, brought, brought; 7. meet, met, met; 8. make, made, made; 9. forget, forgot, forgot.

C 1. I was looking for you. Would you like to come and have dinner with us next Saturday? We're celebrating my brother's birthday.
   2. With pleasure. I haven't seen Peter for ages. What time would you like us to come?
   3. Between 7 and 8 (o'clock). That way you'll be able to see the children before they go to bed.

Presentaciones:

How do you do? es una forma muy popular de cortesía que se utiliza en las presentaciones, equivalentes a *es un honor conocerlo*; se contesta: how do you do o pleased to meet you, *el honor es para mí*, etc.

Diálogo 1

— I won't be here when William comes in[1] this afternoon. Will you be seeing[2] him?
— What should I tell him[3]
— Remind him about our meeting tomorrow[4] evening. And tell him to call his mother. And he mustn't forget to leave the garage keys. I don't want him to[5] keep them.

Diálogo 2

S. = Mr Stewart   B. = Mr Baker   J. = Mr Jones

S. — Mr Baker, Mr Jones, would you mind coming[6] into my office for a few moments[7], please? I'd like to get things organized[8] for the Press Conference this afternoon.
B. — Of course, sir[9]. Will I need the file[10]?
S. — Not for the time being[11]. I just want to let you know[12] what[13] has been decided. Mr Jones, you will answer[14] any[15] questions on finance.
J. — But I'm not sure I'll be able to[16], sir...
S. — Look, Mr Jones, I'm not asking your opinion, I'm giving you your instructions. And you, Mr Baker, can look after[17] the public relations aspect.
B. — But I'm not used to[18] that, sir. I'd rather do[19] something else, if possible.
S. — Mr Baker, you will answer those questions and that's an order. I'm afraid I shall have to insist on this.
B. — Very well, sir.
S. — You can ask my secretary[20] to give you all the details. And please don't start giving out any false information[21] this time. And I want this to be a success.

mustn't	[mʌsnt]	file	[faɪl]
garage	[ˈgærɪdʒ]	finance	[faɪˈnɑːns]
	[ˈgæraːʒ]		[fɪˈnɑːns]
keys	[kiːz]	secretary	[ˈsekrətrɪ]
office	[ˈɔfɪs]	details	[ˈdiːteɪlz]
moments	[ˈməʊmənts]	false	[fɔːls]
organized	[ˈɔːgənaɪzd]	success	[səkˈses]
conference	[ˈkɒnfrəns]		

1. *cuando William venga*: obsérvese la ausencia del futuro después de **when**.
2. *¿va usted a verlo/a reunirse con él?* La forma en -**ing** no es posible con **to see**, cuando éste es utilizado con el significado de *verse o reunirse*.
3. *¿qué debo decirle?* Should puede ser una forma atenuada o el condicional de **must** (cf. comp.).
4. **remind him about our meeting tomorrow**: *recuérdele la reunión de mañana* (evoca un acontecimiento que va a pasar); **remind him (of) our last meeting**, *recuérdele nuestra última reunión*. About, *en relación a, a propósito de, acerca de*.
5. **I don't want him to**: *yo no quiero que él*, proposición infinitiva después de to **want**, I'd like, etc. (cf. comp.).
6. **would you mind coming?** *¿quisiera usted venir?* Se trata de una solicitud firme o de una orden disfrazada. (cf. comp.).
7. **a few moments**, *algunos instantes, unos momentos*.
8. *Me gustaría que todo esté organizado*: to **get** + participio pasado = mandar a otro a hacer algo.
9. **sir**: *señor*; aquí se indica la superioridad (social, jerárquica) de la persona a quien uno se dirige; en la conversación común se emplea cuando no se conoce el nombre del interlocutor. Jamás va seguido del apellido (en ese caso, es **Mr** el que va seguido del apellido). Se utiliza igualmente en el ejército para dirigirse a cualquier militar de grado superior (o inferior).
10. **file**: *expediente*. Existe también **dossier** ['dɔsjeɪ] (para las personas, **docket** ['dɔkɪt]).
11. *No por el momento*.
12. **to let somebody know**: *informar a alquien*.
13. **what has been decided**: *lo que ha sido decidido*; what: pronombre relativo (cf. comp.).
14. **to answer** es transitivo: **to answer a questions**, *contestar una pregunta*; **to answer somebody**, *responderle a alguien*.
15. **any**: *cualquier(a), todo(s), toda(s)*, adjetivo o pronombre indefinido singular o plural (cf. comp.).
16. *no estoy seguro(a) de poder*; **to** se refiere a **answer any questions**; **to be able to** reemplaza a **can** en las formas verbales de las que carece (cf. comp.).
17. **to look after**; *ocuparse de, hacerse cargo de*.
18. **to be used to something**: *tener la costumbre de hacer alguna cosa*; ¡atención! cuando esta locución va seguida de un verbo, éste se encuentra en la forma terminada en -**ing**: **he's not used to driving by night**, *él no está acostumbrado a conducir de noche* (cf. comp.).
19. *me gustaría más hacer otra cosa* (cf. comp.).
20. **to ask somebody**: *preguntar a alguien*.
21. **information**: sustantivo colectivo seguido siempre de un verbo en singular: *información, informes; una información*, **a piece of information**.

1 - Otras formas de dar instrucciones:

be sure to...	asegúrese de que...
you'll have to check...	usted tendrá que verificar...
I want you to... (prop. infinitiva)	quiero que usted (quisiera que usted)
I'd like you to... (prop. infinitiva)	me gustaría que usted...
don't forget to...	no olvide...

☐ **Nota:**

would you mind... + -ing	quisiera usted (sería tan amable de...)

☐ **Cuidado con la construcción:**

I'd rather you did this now	Preferiría que usted lo hiciera en este momento

2 - Lengua escrita u oficial:

to give directions	dar lineamientos
to instruct/direct somebody to do something	dar instrucciones/dar lineamientos a alguien para...
to order somebody to do something	dar órdenes/ordenar a alguien hacer algo
to assign somebody on/to a job	asignar una misión/tarea a alguien
an assignment [ə'saɪnmənt]	una misión
mandatory	1) quien manda u ordena 2) obligatorio, imperativo
to abide by the law	conducirse de acuerdo con la ley, proceder con apego a derecho
to comply with the regulations	cumplir con los reglamentos
to meet the requirements	satisfacer los requisitos
to stick to the rules	atenerse a/obedecer las reglas
to (ful)fill, to satisfy	satisfacer, llenar las condiciones o requisitos

3 - Obsérvese la frase:

to obey an order	obedecer una orden

4 - Atención a la construcción particular del verbo:

to demand:	exigir:
I demand that he resign	exijo que él renuncie

Obsérvese la ausencia de la s en la tercera persona; esta forma corresponde a una clase de subjuntivo.

Ejercicios

A Conjúguese el verbo entre paréntesis en la forma apropiada:
1. I won't be here when she (to call)
2. Would you mind (to give) me the file?
3. They aren't used (to answer) such questions
4. I'd rather (to do) something else
5. Will you be (to see) them?

B Utilícese la preposición correcta:
1. Will you be here when John comes... this afternoon?
2. Would you mind coming... my office?
3. He can look... the details
4. Don't give... false information
5. Remind them... our meeting

C Tradúzcase:
1. ¿Te molestaría dejarme las llaves del garage?
   Las necesitaré esta tarde cuando William venga.
2. Recuérdele nuestra reunión mañana en la noche y pídele que me llame mañana por la mañana. Quiero que me dé todos los detalles sobre la conferencia de prensa.
3. No estoy seguro(a) de que él tenga toda la información.
4. Él deberá ser capaz de decirme lo que se ha decidido.

Respuestas

A 1. I won't be here when she calls.
   2. Would you mind giving me the file?
   3. They aren't used to answering such questions
   4. I'd rather do something else
   5. Will you be seeing them?

B 1. Will you be here when John comes in this afternoon?
   2. Would you mind coming into my office?
   3. He can look after the details
   4. Don't give out false information
   5. Remind them about/of our meeting

C 1. Would you mind leaving (me) the garage keys? I'll need them this afternoon when William comes in.
   2. Remind him about our meeting tomorrow evening, and ask him to call me tomorrow (in the) morning. I want him to give me all the details on (about) the Press Conference.
   3. I'm not sure he has all the information.
   4. He should be able to tell me what has been decided.

Diálogo 1

— Are we still going[1] to California for our holidays this year? We'll have to[2] start thinking[3] about it if we want to be better organized than[4] last year.
— I'll take care of it. But first I'll have to[2] know if we are taking Mark or not. He may have[5] other plans.
— He hasn't said anything[6] to me. I thought he had decided to come with us. I don't think his friends have planned anything[6]?

Diálogo 2

J. = James   M. = Mary   C. = Carol

J. — How are we going[7] to arrange everything[8], then?
M. — Well, if you and I organize the food and drink between us, perhaps Carol could be responsible for[9] the invitations.
C. — That sounds easy[10] enough[11]. I've already seen some people[12]: John said he would bring[13] something[6] to eat. And I can phone the others tomorrow.
M. — Yes, you'd better do that as soon as possible[14]. The party's only next week. Ask them to arrive between eight and nine[15]. And don't forget to see if they can bring a bottle, or anything[6] to eat.
J. — We'll have to[2] remember to[16] borrow a pile of records[17], too. We can't have a party with no music.
M. — Yes, and we must make sure[18] we have a bottle-opener. That's an important detail.
C. — We really ought to[19] invite the neighbours. At least it would stop them from grumbling[20] about the noise.
M. — OK[21]. And we'll have to[2] move the furniture[22] about to make more room[23].
J. — That's true. And perhaps we should even roll back the carpet as well, in case anything[6] gets spilt[24]. But we can leave that to the last minute.

---

holidays	[ˈhɔlɪdɪz]	records	[ˈrekədz]
arrange	[əˈreɪn(d)ʒ]	ought to	[ˈɔːt tu]
responsible	[rɪsˈpɔnsəbl]	neighbours	[ˈneɪbəz]
invitations	[ɪnvɪˈteɪʃnz]	furniture	[ˈfɜːnɪtʃə]

1. *¿vamos nosotros siempre?*; still: continuación de la acción emprendida, ≠ always: *siempre* (eternamente, sin interrupción).
2. *deberemos de, será necesario que nosotros...* El defectivo **must** está reemplazado por **to have to** en las formas que le hacen falta (cf. comp.).
3. **start thinking**... los verbos que indican el principio (**to start, to begin**), la continuación (**to go on, to continue**) y el final (**to stop, to give up**) de una acción, van seguidos de un verbo terminado en **-ing**.
4. *mejor... que*: el complemento del comparativo es introducido siempre por **than**.
5. *puede ser que él tenga... quizás él tiene...*, **may** = eventualidad.
6. *él no me ha dicho nada. Alguna cosa*, **something** en una frase afirmativa; **anything** en una interrogativa (cf. comp.).
7. *¿cómo vamos a ir...?*
8. **everything**, invariable: *todo(a), cada cosa*; indefinido invariable formado a partir de **-thing** (cf. 6); véase comp.: **each, any, every, all.**
9. **responsible for**: *responsable de*; obsérvese el empleo de la preposición **for**.
10. *eso parece fácil* (cuando se escucha); se hubiera podido decir **seems**, pero el inglés prefiere un verbo apropiado a los sentidos (del oído, de la vista: **to look**; del tacto: **to feel**, etc.).
11. *bastante fácil* (suficiente); obsérvese el lugar que ocupa **enough** (ver lección 1, 8).
12. **some people**: *alguna gente*. **People**, palabra con sentido plural, no lleva **s** cuando se emplea con este significado.
13. *él dijo que él lo traería*: obsérvese la concordancia de tiempos verbales (cf. comp.). En presente se usaría: **he says he will bring,** *él dice que lo traerá*.
14. **as soon as possible**: *tan pronto como sea posible.*
15. **between eight and nine**: *entre las ocho y las nueve* (horas), queda sobrentendido: **o'clock**.
16. **remember to**: *no olvides, acuérdate de*.
17. **records** (sustantivo): *discos, grabaciones*.
18. **to make sure (that)**: *asegurarse de, hacer lo necesario para que*.
19. **we ought to**: *deberíamos de, sería necesario que*: obligación atenuada (cf. comp. 7.5.4).
20. *eso les impediría reclamar*: obsérvese que la forma terminada en **-ing** siempre es obligatoria después de una preposición.
21. **OK**: *de acuerdo, bien*; este americanismo tiende a sustituir a **all right**.
22. **the furniture**: *los muebles, el mobiliario*; sustantivo colectivo singular.
23. *tener más lugar*; **more... than**, con un adjetivo o un adverbio largo: *más... que*.
24. *en caso de que alguna cosa se cayera.*

1 - Otras maneras de hacer proyectos:

to plan to (IT)	organizar, prever
to plan on (IM)	
to make plans	hacer proyectos, planificar,
to intend to	tener la intención de...
to make arrangements for,	hacer arreglos para
to arrange for	
to see to (+ -ing)	vigilar que
to make up one's mind	decidirse
to prepare (for)	preparar(se) para
to mean	tener la intención de
to be set on	estar decidido a
plan, scheme [skɪːm]	plan
program	programa
schedule [ʃedjuːl]	horario

2 - Otras expresiones:

to give the go-ahead	dar luz verde a
as soon as you possibly can	tan pronto como usted pueda
we decided on changing	decidimos cambiar de hotel.
hotels (IM)	

3 - Antónimos:

to cancel	cancelar, anular
to drop	abandonar, olvidar
to postpone	posponer, dejar para más tarde
to alter/modify/change	modificar, cambiar
to change one's mind	cambiar de opinión
to build castles in the air.	hacer castillos en el aire.

4 - Lengua escrita, más formal:

to propose to do	proponerse, hacer
to aim at/to	tener como objetivo
to examine	examinar
to consider	considerar
under consideration	en estudio
to plan ahead	planificar
to contemplate (+ ing)	tomar en cuenta, contemplar
to envisage (+ ing)	no olvidarse de

5 - IM:

to finalize	concluir, finalizar
to schedule [skedjuːl]	proyectar, fijar la hora de

A Escríbase en pretérito:

1. I think he has decided to come.
2. I have to know whether we are taking him or not.
3. He can be responsible for the invitation.
4. He hasn't said anything to me.

B Transfórmese al estilo indirecto comenzando por "she said".
Ejemplo: he will come → she said he would come.

1. They have to start thinking about it.
2. He'll take care of it.
3. We'll have to know.
4. You haven't said anything to her.

C Tradúzcase:

1. Será necesario que empecemos a pensar en nuestras vacaciones. En primer lugar, ¿vendrá Mark con nosotros?
2. Él no me dijo nada. Puede ser que sus amigos hayan organizado alguna cosa.
3. Sería mejor que lo supiéramos lo más pronto posible si queremos organizarnos mejor que el año pasado.
4. Voy a verlo la próxima semana. No olvidaré preguntarle.

Respuestas

A 1. I thought he had decided to come.
  2. I had to know whether we were taking him or not.
  3. He could have been responsible for the invitation.
  4. He hadn't said anything to me.

B 1. She said they would have (they'd have) to think about it.
  2. She said he'd take care of it.
  3. She said we'd have to know.
  4. She said you hadn't said anything to her.

C 1. We'll have to start thinking about our holidays. First (of all), is Mark going to come with us?
  2. He hasn't said anything to me. Perhaps his friends have organized (planned) something.
  3. We'd better know about it as soon as possible, if we want to be better organized than last year.
  4. I'm going to see (I'm seeing) him next week. I won't forget to ask him.

Diálogo 1

— Do try and come[1], we would be so pleased.
— But I already have[2] an appointment for Friday evening.
— Oh, please make an effort[3], you can see that[4] everyone wants you to come[5]. Do be kind[6] and say yes.
— I would like to, but...
— You really like to make people insist, that's you're trouble.
— All right, you win. I'll come.

Diálogo 2

J. = John   M. = Mary

J. — Mary, could you by any chance[7] lend me five dollars please?
M. — No, I couldn't. What do you want them for[8], anyway?
J. — Oh, go on[9]. I need to go down to the shops in a hurry. I'll have to take a taxi.
M. — Well, you'll just have to go in the bus, that's all I can say.
J. — Oh, please! As a special favor to me. I'd really appreciate it.
M. — That's ridiculous. Why should I finance[10] your trips about town in a taxi?
J. — But I'll pay you back, I promise[11]. And I'll take you out for dinner next week[12], okay? You won't regret it. I'll make it well worth your while[13].
M. — I still don't see[14] why I should pay.
J. — Look[15], we've spent so long talking[16] about it that I've missed the bus now. If I don't take a taxi the shops will be closed before I get there, and we won't have anything to eat tonight. It's all your fault. It'll be best for both of us if you'll just give me the money now.
M. — Oh all right.

---

already	[ɔl'redɪ]	appreciate	[ə'priː∫ɪeɪt]
effort	['efɔrt]	ridiculous	[rɪ'dɪkjuləs]
chance	[t∫aːns]	promise	['prɔmɪs]
special	['spe∫əl]		

1. **do** es aquí una forma de insistencia, se utiliza en los tiempos en donde es auxiliar, es decir, en presente, pretérito, y como aquí, en imperativo. Ejemplo: **I do believe you,** *realmente le creo;* **he did believe her,** *él verdaderamente le creyó.* Con el sentido de *tratar de* + verbo (= poner de su parte para) **to try** va seguido frecuentemente de **to:** *tratar de llamar mañana,* **Try to call tomorrow.**

2. los adverbios de modo y de tiempo se colocan antes del verbo (**to have** es aquí un verbo) y entre el auxiliar y el verbo: **I have already seen it,** *yo lo he visto ya.*

3. **to make an effort:** atención **to make** y no **to do.** Pronunciar bien ['eʃə(r)t]: acento sobre la primera sílaba.

4. **can** añade aquí la noción de, *usted ve (bien) que.* De todas maneras, **can** se asocia a menudo con los verbos de percepción **to see, to hear,** etc; *¿ves la casa allá?* **can you see the house over there?**

5. recordatorio: para decir en inglés: *yo quiero que* + sujeto + verbo, se debe seguir la siguiente fórmula: **I want** + sujeto + verbo en infinitivo. La única estructura posible en este caso es: *quiero que él se vaya,* **I want him to leave.**

6. **do be kind:** cf. 1.

7. **by any chance:** *por suerte, por casualidad,* en el lenguaje cotidiano, corresponde a una frase interrogativa: **did you see her by any chance** ¿no lo viste, por casualidad? Aquí: *¿no me podrías prestar cinco libras?* IT [l∫a:ns] ; IM [t∫æns] .

8. traslado de la preposición al final de la pregunta (**for what do you want it,** no se dice).

9. **go on!** *¡vamos!* Esta locución idiomática (en sus orígenes **go on with you**) tendrá diferentes sentidos según el contexto (= *no seas tonto, no pienses que voy a creer eso, detente,* etc.). No tiene nada que ver con el otro sentido de **to go on,** *continuar.*

10. **finance:** verbo y sustantivo. IT ['faɪnæns]; IM [fɪ'næns].

11. **to promise:** atención sonido [ɪ] y no [aɪ], lo mismo para el sustantivo.

12. **next week:** la *próxima semana.* Nótese la ausencia del artículo. Lo mismo sucede con *el mes pasado,* **last month,** etc.

13. *lo haré de tal manera que eso valga la pena para ti;* cf. **to be worth,** *valer;* **how much is it worth?** *¿cuánto vale eso?;* **is it worth reading?** *¿vale la pena de ser leído?;* **it's not worthwhile,** *eso no vale la pena.*

14. **still:** en una frase negativa significa *todavía,* como siempre. Compare **she's not arrived yet,** *ella no ha llegado aún,* y **she's still not arrived,** *todavía no ha llegado* = *no ha llegado como siempre.*

15. **look!:** utilizado para llamar la atención (cf. *¡fíjate!, ¡oye!*).

16. cuidado la l no se pronuncia en **to talk** [tɔ:k], lo mismo en **to walk** [wɔ:k]

1 - Otras formas de poner de relieve algún hecho o idea:

to insist on something	insistir en algo

to insist se construye algunas veces con **that** + subjuntivo:

he insisted that we follow him	él insistió en que lo siguiéramos
to stress something	remarcar, subrayar, resaltar algo
to lay/put the stress on to emphasize something	poner de relieve, resaltar, subrayar algo
to lay the emphasis on something	enfatizar algo, resaltar, insistir
to press a point	insistir en un punto
to press a claim	hacer valer un derecho, reclamar
to urge	exhortar, pedir con insistencia
to focus on, to center	concentrar(se), enfocar(se)
to dwell on a fact	ampliar (la información) sobre un hecho
to underline, to underscore	subrayar, recalcar

2 - Preguntar de manera más o menos insistente:

to request	pedir, solicitar
to require	pedir, requerir, exigir
to demand	pedir, exigir

3 - Insistencia excesiva:

to badger s.o. for something	hostigar a alguien para obtener algo
to pester	importunar, molestar
to pester s.o. with questions	acosar a alguien con preguntas
to harass	hostilizar

4 - Sustantivos y adjetivos:

Sustantivos:	insistence	insistencia
	a request	una solicitud, una petición
	a demand	una exigencia
adjetivos:	insistent	insistente
	persistent	tenaz, persistente
	pressing	apremiante
	urgent	urgente, insistente

A Pronúnciese:

1. already;
2. effort;
3. special;
4. chance (IT/IM);
5. finance (IT/IM).
6. to promise;
7. to talk;
8. ridiculous;
9. both;
10. money.

B Tradúzcase:

1. Trate de venir.
2. Ya tengo un compromiso el viernes en la noche.
3. Haga usted un esfuerzo; como puede ver, todos quieren que venga.
4. De acuerdo, usted gana.
5. ¿Puedes prestarme cinco dólares?
6. ¿Para qué los quieres?
7. Yo te los pagaré.
8. Te llevaré a cenar a un restaurant la próxima semana.
9. No veo por qué debería pagar yo.
10. Vale la pena (para ti).

Respuestas

A
1. [ɔl'redɪ]
2. ['efə(r)t]
3. ['speʃəl]
4. [tʃaːns - tʃæns]
5. [faɪ'næns - fɪ'næns]
6. ['prɔmɪs]
7. [tɔːk]
8. [rɪ'dɪkjuləs]
9. [bəʊθ]
10. ['mʌnɪ]

B
1. Do try and come.
2. I already have an appointment for Friday evening.
3. Please make an effort, as you can see everyone wants you to come.
4. All right, you win.
5. Can you lend me $5 (five dollars)?
6. What do you want them for?
7. I'll pay you back.
8. I'll take you out for dinner next week.
9. I still don't see why I should pay.
10. It's worth your while.

Diálogo 1

— Could you remind me[1] if tomorrow's meeting[2] is at four
  o'clock or five?
— It's at five o'clock, in Mr[3] Goodfellow's office.
— Could you spell his last name out[4] for me?
— That's Goodfellow. G.O.O.D.F.E.L.L.O.W.[5]
— And is he the one I've got to give my report to[6]? That's not
  what we had arranged to start with[7].
— That's right. But he's just been made Manager of project.
  You'll have to start negotiating[8] with him, now.

Diálogo 2   J. = John   P. = Peter

J. — Don't forget to ask for a return ticket[9] if you're going
     into town today.
P. — I don't understand. What are you getting at[10]?
J. — Oh, I'm sorry, I wasn't making myself clear. The point
     is, it's cheaper that way.
P. — I still don't see what you mean. How could it be cheaper?
J. — Well, if I can just explain; the idea is that one return tick-
     et is cheaper than two singles.
P. — Oh, why should that be? It's the same distance, after all.
     There must be some catch[11] to it.
J. — Well there are some special rules, of course. You've got
     to come back on the same day[12], for example. And you
     can't travel during the morning rush hour[13]. But it's al-
     ways worth asking[14] for the information[15] you need. I'm
     sure they'll give you all the details.
P. — Ah, the point you're making[16] is that if I'm going into
     town just for the day, and if I'm not leaving until after
     the rush hour...
J. — ...or, to be more precise[17], before a certain time in the
     morning.
P. -- Yes, that's what I meant. Well, in that case[18], I'll prob-
     ably be able to get a cheap rate.
J. — That's it exactly. Of course, if you're staying overnight,
     then you'll have to pay more.

---

negotiate	[nɪˈgəʊʃɪeɪt]	precise	[prɪˈsaɪs]
forget	[fəˈget]	meant	[ment]
understand	[ˌʌndəˈstænd]	case	[keɪs]
distance	[ˈdɪstəns]	probably	[ˈprɔbəblɪ]
exactly	[ɪgˈzæklɪ]		

34

1. **could you remind me**: obsérvese la construcción de **to remind**: a) *recordar a alguien alguna cosa del pasado*, **to remind someone of something**; b) *recordar a alguien que haga algo*, **to remind someone to do something**.

2. caso posesivo del tiempo; lo mismo: **yesterday's paper**, *el periódico de ayer*; **last week's events**, *los acontecimientos de la semana pasada*.

3. **Mr** [ˈmɪstə(r)] antecede siempre a un nombre y no se escribe nunca con todas sus letras. Lo mismo sucede con **Mrs** [ˈmɪsɪz].

4. **to spell out** es aquí sinónimo de **to spell**, *deletrear*; significa también *explicar con detalle, dar detalles de algo*.

5. atención, para deletrear correctamente, es importante recordar que la **e** se pronuncia [ɪ] y la **i** [aɪ]. Ej. **tie** se deletreará [tiː], [aɪ]. Cuidado con la **g** que se pronuncia [dʒiː], y la **j** que se pronuncia [dʒeɪ]. Ej. **g**, **m**: se deletrea [dʒɪ], [em], la **g**, la **f** y la **k**: [dʒiː], [ef], [keɪ].

6. **the one I've got to give my report to** = **the one to whom I have to give my report**: supresión del relativo y transferencia de la preposición.

7. **to start with**: *para comenzar, al principio, en su origen*.

8. **started negotiating**: **to start** + verbo + **-ing**: *comenzar a*; cuidado con la ortografía de **to negotiate, negotiation, negotiator**.

9. construcción de **to ask**, *preguntar algo a alguien*; **to ask somebody for something**.

10. **what are you getting at?**: preposición al final (no es posible decir **at what are you getting?**) *¿A dónde quieres llegar?*

11. **catch**: *trampa, truco, broma*.

12. **on the same day**: atención, el artículo definido **the** siempre antecede a **same**.

13. **hour** [aʊə]: una de las palabras raras y su derivado **hourly**; **honest** y sus derivados; **heir**, *heredero;* **heiress**, *heredera*, en donde la **h** inicial no se pronuncia.

14. el verbo que sigue a **to be worth** estará siempre en la forma terminada en **-ing**.

15. **information**: *informes* o *información*, en inglés es un sustantivo colectivo singular y no lleva **s**.

16. **to make a point**: *presentar, desarrollar*, poner de relieve un argumento. Cf. **I take your point**, *yo comprendo, acepto su argumento*.

17. **precise**: [prɪˈsaɪs], la consonante final se pronuncia como **s** y no como **z**. Este término existe sólo como adjetivo o adverbio (**precisely**) y no como verbo. Precisar se dice **to specify, to stipulate**...

18. **case**: cuidado con la pronunciación [keɪs], sonido **s** y no de **z**.

1 - Verbos que significan aclarar, explicar:

to explain	explicar
explanation (s)	explicación
to shed light on	iluminar, esclarecer
to clarify	clarificar
to make oneself clear	hacerse entender claramente
to make one's meaning clear	
to make oneself understood	darse a entender
to make somebody understand something	hacer entender algo a alguien
to account for something	explicar, con el significado de: dar cuenta o razón de las cosas
to elaborate	desarrollar cuidadosamente una idea o plan
please elaborate your proposal	por favor detalle su proposición
to go into details	entrar en detalles,
to spell out	descifrar, indicar, explicar con detalle, en detalle
to rephrase	expresar en otra forma (con el fin de ser más claro)
to qualify	habilitar, calificar, limitar, llenar los requisitos

2 - Atención:

precisar: **to specify, to stipulate, to state, to make clear**.
No existe el verbo **to precise**, o más bien, no se utiliza nunca. Sólo existen el adjetivo **precise** y el adverbio **precisely** (cuidado con el sonido **s** y no **z**).

3 - Otras expresiones:

to provide (full) particulars	dar todos los particulares
to provide all the relevant information/data	proporcionar todos los informes o datos importantes.
to put something into perspective	poner algo en perspectiva o relieve
to put doubts [daUts] to rest	despejar dudas
to dispel doubts	disipar las dudas

4 - Adjetivos:

accurate (sustantivo: accuracy)	exacto, preciso
detailed	detallado
comprehensive	comprensivo

5 - Cómo lograr que el interlocutor sea más específico:

I don't quite follow	no entiendo bien
I don't see your point	no veo qué quiere usted decir
I don't see	
what you're driving at ⎫	
what you're getting at ⎭	no sé a dónde quiere llegar
I don't see your drift ⎫	no comprendo el significado de
I'm not with you on this ⎭	sus palabras
I'm still in the dark as to...	no acabo de comprender/sigo sin
	entenderle

Clarification | **Ejercicios** | 7-4

A Complétese con la preposición adecuada:

1. Who do I have to give my report...?
2. I don't see what you're getting...
3. Why didn't you ask... more details?
4. I don't remember what had been arranged to start...
5. What time will you go... town?

B Tradúzcase:

1. ¿Podría usted recordarme si la reunión de mañana es a las 4:00 o a las 5:00 horas?
2. ¿A quién debo entregar mi informe?
3. No olvides pedirme un boleto de ida y vuelta.
4. ¿A dónde quieres llegar?
5. No acabo de entender lo que usted quiere decir.
6. Siempre vale la pena pedir informes.
7. Eso es lo que yo quería decir.

Respuestas

A 1. to; 2. at; 3. for; 4. with; 5. to (or into).

B 1. Could you remind me if tomorrow's meeting is at four o'clock or at five?
2. Who have I got to give my report to?
3. Don't forget to ask for a return ticket.
4. What are you getting at?
5. I still don't see what you mean.
6. It's always worthy asking for the information.
7. That's what I meant.

Diálogo 1

— Say yes, you can't miss an opportunity[1] like that.
— But I need to have time to get used to the idea[2].
— Well, you'll have to make up your mind[3] quickly. I'm sure there will be some other candidates for the position. They wouldn't hesitate, not them[4].
— Give me two hours to think about it.
— All right, but do accept[5]. For my sake. I promise[6] you won't regret it.

Diálogo 2

B. = Mr Baker   J. = Mr Jones

B. — Ah, Mr Jones, I'm glad I caught you. I wanted to see you about that meeting I'm supposed to go to[7] tomorrow morning.
J. — Ah, yes, you're representing the department, aren't you[8]?
B. — Yes, that's right. Or at least, that's the problem.
J. — I'm sorry I don't quite follow.
B. — Well I'm afraid I won't be able to make it[9]. There's absolutely no way I'll be able to get back from New Mexico in time. I need someone to replace me.
J. — Ah, so that's it. Now I understand. And you're hoping that someone will be me[10].
B. — Yes. Look, I know you're a busy man, but could you go along[11] instead of me? After all, you do know[12] everything that's in the file[13], and I'm desperate[14].
J. — Well, I don't know. I'll have to see if I can change my appointments.
B. — That's very kind of you. I'd be[15] very grateful. And don't forget, you'll be meeting some very important people, including the boss. It may be good for your career[16].
J. — All right, I'll do it. It's agreed.
B. — Thanks very much. You may even enjoy it, if it doesn't last too long!

opportunity	[ˌɔpəˈtjuːnɪtɪ]	aren't	[ɑː(r)nt]
idea	[aɪˈdɪə]	absolutely	[ˈæbsəluːtlɪ]
candidate	[ˈkændɪdɪt]	busy	[ˈbɪzɪ]
represent	[ˌreprɪˈzent]	desperate	[ˈdesp(ə)rɪt]
change	[tʃeɪn(d)ʒ]	career	[kəˈrɪə]

1. **to miss an opportunity**: *dejar de aprovechar una oportunidad*. Atención: **I miss you,** *te extraño,* **you miss me,** *me extrañas*.
2. **to get used to the idea**: *hacerse o acostumbrarse a una idea*. Atención: en las frases **to get used to something, to be used to something** (*estar acostumbrado a*) **to** es una preposición. Si está antes de otro verbo, se utilizará la forma terminada en **-ing**: **he's not used to driving,** *él no está acostumbrado a conducir*. Pero en la forma frecuentativa **I used to, to** corresponde al tiempo del infinitivo. **I used to see him everyday,** *yo solía verlo todos los días*.
3. **to make up one's mind**: *decidirse*.
4. **they wouldn't hesitate, not them**: *ellos nunca titubearían*.
5. cuidado: **to accept** no va nunca seguido del infinitivo, el verbo que le sigue después está en la forma terminada en **-ing** o es introducido por **should**. En oposición a esto, el verbo **to agree** (que tiene el mismo sentido) va seguido del infinitivo: **they agreed to do it**.
6. atención a la pronunciación [ˈprɔmɪs]: [ɪ] y no [aɪ], la misma regla es aplicable al sustantivo **a promise**.
7. **that meeting I'm supposed to go to** = **that meeting to which I'm supposed to go**. Supresión de **which** y transferencia de la preposición.
8. recordatorio: **aren't you** = *¿no es cierto?* o *¿(no es) verdad?* Pronunciación en IM [æː(r)nt] y en IT [aːnt].
9. **to make** tiene frecuentemente el significado de poder ir, poder venir o llegar a tiempo. **I can't make it on Monday,** *yo no puedo venir el lunes;* **he'll never make his plane,** *él no llegará a tiempo para abordar su avión*.
10. *usted espera que ese alguien sea yo*. **That** es aquí el demostrativo; la conjunción **that** está sobrentendida: **you're hoping that that someone will be me**.
11. **along**: da la idea de ir con alguien, de acompañar; **bring the kids along!**; *¡trae (contigo) a los niños!*
12. **do**, refuerzo: *es verdad que usted lo sabe, de hecho usted lo sabe*.
13. **file**: *expediente, archivo;* **to file,** *archivar, clasificar*.
14. **desperate**: *desesperado,* con la noción de *no saber más qué hacer*.
15. **I'd be very grateful** = **I would be...**: *Estaré muy agradecido*.
16. **career**: cuidado con la ortografía (una sola **r** después de la **a**) y con la pronunciación: el acento tónico recae sobre la 2a. sílaba [kəˈrɪə(r)].

1 - Otras formas de persuadir a alguien:

to persuade	persuadir
to influence	influenciar
to sway	influenciar, inclinarse hacia, inducir a alguien
to have a strong case	tener una buena razón, tener bases sólidas
to put over an idea	trasmitir una idea
to put across an idea	comunicar una idea
to bring it home to someone that...	hacer comprender a alguien...
to make someone realize	hacer tomar conciencia de
to win someone over	ganar a alguien para su causa, convencer

2 - Adjetivos:

persuasive	persuasivo
convincing	convincente
sound	(argumento) sólido, sano
compelling	impositivo, prepotente
powerful	poderoso, fuerte, convincente
potent	poderoso, convincente
cogent	convincente, irresistible

3 - Formas de inducir a alguien para que haga alguna cosa:

to induce s.o. to do something	inducir a alguien para que haga alguna cosa
to prompt	impulsar, inducir, incitar
to lure s.o. into (doing) something	incitar a alguien para que haga alguna cosa
to talk s.o. into (doing) something	convencer a alguien de que haga alguna cosa

4 - Otras expresiones:

to sell an idea	vender una idea
sales (man's) pitch	estrategia (del vendedor)
to spread the gospel	difundir el evangelio
you can bet your bottom dollar	usted puede apostar su último dólar
you may count on it you may bank on it	usted puede contar con ello
you can rely on me you can trust me	usted puede confiar en mí

A Conjúguese al pretérito:

1. I need someone to replace me.
2. You are supposed to represent the department, aren't you?
3. He's afraid he won't be able to make it.
4. I'm sure there will be some other candidates.
5. I promise you won't regret it.
6. She says you may even enjoy it.

B Tradúzcase:

1. Hazlo por ella. Te prometo que no te arrepentirás.
2. Pero, a mí me correspondía ir a la reunión mañana en la mañana. Voy a necesitar que alguien me reemplace y tendré que cambiar mis citas para mañana en la tarde.
3. Lo siento... estaré muy agradecida...
4. De acuerdo, voy a hacerlo. Es un pacto.
5. Es muy amable de su parte.

Respuestas

A 1. I needed someone to replace me.
2. You were supposed to represent the department, weren't you?
3. He was afraid he wouldn't be able to make it.
4. I was sure there would be some other candidates.
5. I promised you wouldn't regret it.
6. She said you might even enjoy it.

B 1. Do it for her sake. I promise you won't regret it.
2. But, I was supposed to go to a meeting (to attend a meeting) tomorrow morning. I'll need someone to replace me, and I'll have to change my appointments tomorrow afternoon.
3. I am sorry... I'd be so grateful...
4. All right, I'll do it. It's agreed.
5. That's very kind of you.

Diálogo 1

— Why on earth do you want to take the motorcycle driving test[1]?
— To go to my law lectures[2]. I'm tired of going by bus[3].
— Do you realize what this is likely to cost[4]? Your father will certainly try and talk[5] you out of it[6].
— I'm not´going to change my mind[7], though. It's just because I'm a girl.
— Now have you really decided? Are you sure you know what you're doing?

Diálogo 2   IM e IT

C. = Mr O'Connor   W. = Mr Wilson

C. — Look, I really don't want to go to that dinner tomorrow night. I know it's a special occasion, but I'm going to have to make up some excuse. I'm just too tired.
W. — But you accepted[8] the invitation last week[9]. Everyone's expecting you[10] now. You can't just drop out[11] like that. What would people think?
C. — Oh, I'll get out of it somehow. I'll say I've got a prior[12] appointment.
W. — I don't think you should do that. Have you thought what would happen if Mr O'Neil[13] found out? You could be creating problems for yourself.
C. — Yes, I suppose you could be right. And I expect there will be quite a few influential people[14] there as well. Perhaps I shouldn't go looking for trouble[15] if I can avoid it.
W. — That's more like it[16]. Take my advice[17], you'd be wrong not to go[18]. It could be useful — and you may even enjoy it when you get there!

motor	['məutər]	influential	[ɪnflu'enʃl]
prior	[praɪər]	wrong	[rɔŋ]
suppose	[sə'pəuz]	useful	['ju:sfl]

1. to take the motorcycle driving test: *presentar el examen de con-ducción de motocicleta*. *Pasar un examen*: to pass an exam/a test; **bike**, abreviatura de **bicycle**, *bicicleta*.
2. **lecture**: *conferencia* (hecha por un conferencista) o como aquí, *curso* (por lo general, impartido *en una universidad*).
3. **going by bus**: cuando la preposición **by** antecede a un sustantivo que designa a un vehículo de transporte común, se emplea con el sentido de *a bordo de, en:* **by train, bus, plane, boat, ship** (excepto **in a taxi, in a car**).
4. **to cost, cost, cost** [kɔst]: *costar*.
5. **try and talk**: en el lenguaje cotidiano, el verbo que viene después de **try** va generalmente antecedido por **and**. *Trate de venir:* (do) **try and come**. Las construcciones con **to** son igualmente correctas.
6. **to talk someone out of something**: *disuadir a alguien para que deje de hacer alguna cosa* (discutiendo con él, haciéndolo razonar); **to talk someone into something**, *convencer a alguien de que haga algo*.
7. **to change my mind**: **to change one's mind**, *cambiar de opinión; ella cambió de opinión* she changed her mind.
8. **accepted**: pretérito, porque esta aceptación tiene fecha (**last week**).
9. obsérvese la ausencia del artículo. La misma regla es aplicable a **next month, last year**, etcétera.
10. **everyone's expecting you**: *todos lo esperan* con el significado de *todos cuentan con usted* o *todos esperan que usted venga*.
11. **to drop out**: *retirarse, desistir*, en este caso *retractarse, revocar una orden*; se emplea también con el sentido de *abandonar los estudios durante el año escolar*.
12. **prior**: *anterior, que antecede, previo*.
13. **Mr Thompson**: **Mr** (pronunciado [ˈmɪstə(r)]) nunca se escribe completo antes de un nombre o apellido. El empleo de palabras tales como **thank you, mister**, se considera más bien vulgar.
14. **quite a few people**: *mucha gente, un gran número de gente*. **People** es plural desde el punto de vista gramatical.
15. **to look for trouble**: *buscar problemas*.
16. **that's more like it**: *es mejor así* con el sentido de *esto es más razonable*.
17. **take my advice**: *siga mi(s) consejo(s)*. **Advice** (como **information**) es un colectivo singular: **my advice is**... que puede traducirse por un singular o un plural: *consejo, consejos, opinión, punto(s) de vista*.
18. **you'd be wrong not to go**: *estaría equivocado al no ir/sería un error no ir*.

1 - Otras formas de disuadir a alguien:

to deter someone from doing something	disuadir, desanimar a alguien para que deje de hacer alguna cosa
deterrent (s.)	acción preventiva, medio de disuasión
disincentive (s.)	una medida de disuasión
to discourage someone from doing something, to dissuade someone from doing something	disuadir, desanimar, distraer a alguien para que deje de hacer alguna cosa.
to advise s.o. against something	desaconsejar algo a alguien
to caution s.o. against something	prevenir a alguien en contra de algo
to warn s.o. against something	advertir a alguien en contra de algo
to talk s.o. out of something, to argue s.o. out of something	convencer a alguien de que no haga algo, disuadir
to remonstrate with s.o. (estilo rebuscado)	instar, urgir, tratar de disuadir a alguien
to frighten s.o. out of something	disuadir a alguien por miedo o amenaza
to bully s.o. out of something	disuadir por intimidación o maltrato

2 - Otras expresiones:

I wouldn't advise you to...	yo no le recomendaría...
I had rather you did not	me gustaría que usted no...
frankly, I don't thing you should...	francamente, yo creo que usted no debería...
you'd better not...	sería mejor que usted no...
I'd like you to reconsider	me gustaría que usted reconsidere su decisión
think twice before you...	piense dos veces antes de...
do you realize the consequences?	¿se da usted cuenta de las consecuencias?
this will take you nowhere	eso no lo llevará a ninguna parte
this will serve no purpose	eso no servirá de nada
it will never work	eso no funcionará nunca
that won't do	no estará bien/no funcionará
it's no use	no sirve de nada
no point in + v. + -ing	no hay razón para

what's the use?	¿para qué sirve?
it's not worth it	eso no vale la pena
the game is not worth the candle	el juego no vale el esfuerzo
tread softly	proceda con cautela, con tiento
watch out	cuidado
beware (of something)	ponga atención en
be careful that...	tenga cuidado de que...
popular: come off it!	no diga tonterías

Dissuasion	**Ejercicios**	9-4

Tradúzcase:

1. Ella quiere presentar el examen de manejo.
2. Su padre seguramente va a tratar de persuadirla.
3. Ella no va a cambiar de opinión.
4. ¿Estás seguro de saber lo que haces?
5. Va a ser necesario que yo invente una excusa.
6. Ya tengo un compromiso en ese día.
7. Sigue mis consejos.
8. Él busca problemas.
9. Habrá mucha gente.
10. Acepté la invitación la semana pasada.

Respuestas

1. She wants to take the driving test.
2. Her (His) father will certainly try and talk her (him) out of it.
3. She is not going to change her mind.
4. Are you sure you know what you're doing?
5. I'll have to make up some excuse.
6. I've got a prior appointment on that day (date).
7. Take my advice.
8. You're looking for trouble.
9. There will be quite a few people.
10. I accepted the invitation last week.

Diálogo

— All right, I'll start again, but this time do try and pay[1] attention to what I'm saying.
— Yes, but don't bother with all the details. It's not worth it[2].
— Oh yes it is, otherwise you'll never understand. Now listen. When I tried to play the cassette I saw that none[3] of the lights went on. So I thought the plug[4] must[5] be worn out[6]. That's why I took the extension cable[7] to plug it in across[8] the hallway. Then when Jimmy came home he didn't want to turn the light on because it was late and he was afraid he might[9] wake you. Now you understand why he tripped[10] over the cable. It was because he couldn't see it in the dark.

Text

It may not be immediately[11] obvious why the Director[12] should have decided to go off on leave at such a time. One of the reasons for[13] his behavior may be that he was feeling worried about his financial[14] situation. Because of these problems, he may have felt he needed a rest. It is clear, however, that this is far from being a complete, or even a satisfactory account[15] of what happened. Not everything[16] can be explained in this way. If he was also feeling depressed about family matters, for example, then that may have affected his decision. And any number[17] of other details could be taken as contributory factors. So it can be seen that there can be no single reason for his behavior[18]. In fact, it can be assumed that the underlying[19] causes were fairly complex. Furthermore, it seems reasonable to suggest that no individual set[20] of circumstances could automatically have produced the effect which was observed.

---

detail	[ˈdiːteɪl]	circumstance	[ˈsɜːkəmstəns]
satisfactory	[sætɪsˈfæktərɪ]	automatically	[ɔːtəˈmætɪkəlɪ]
contributory	[kənˈtrɪbjʊtərɪ]	produced	[prəˈdjuːst]
individual	[ɪndɪˈvɪdjʊəl]	observed	[əbˈzɜːvd]

1. do try and pay: *recordatorio;* do, insistencia; and, une a to try con otro verbo.
2. it's not worth it: *eso no vale la pena.* El verbo que sigue a it's worth toma la forma terminada en -ing. It's not worth reading, *no vale la pena leer eso.*
3. none [nʌn]: pronombre, puede ser sujeto o complemento.
4. plug: *toma de corriente, enchufe* (eléctrica).
5. must: *debía.* Se trata del copretérito. Su empleo es relativamente raro. En este caso se usa para lograr la concordancia de tiempo con otro verbo. Sin embargo, se podría decir: *tuve que hacerlo,* I had to do it.
6. worn out, de to wear, wore, worn: *llevar* (un traje); to wear out, *gastar(se), consumir(se).*
7. extension cable: *extensión (cordón eléctrico).*
8. across. Cuidado con la ortografía, esta palabra lleva una sola c y doble ss.
9. he was afraid he might..., *él temía que pudiera.*
10. to trip: 1) *temblar, dar un paso en falso;* de la misma manera my tongue tripped, *se me trabó la lengua* 2) *hacer temblar, meter el pie a alguien.* Por otra parte está a trip, *un viaje;* to go on a trip, *irse de viaje.*
11. immediately [ɪˈmiːdɪətlɪ]. Lleva doble m, lo mismo que el adjetivo inmediate. No olvidar en este último caso la e final.
12. director: en este caso *director;* significa también *miembro de un consejo de administración, administrador.*
13. one of the reasons for: *una de las razones para.* El término reasons hace obligatorio el plural en este caso. La misma regla es aplicable a *uno de los coches,* one of the cars: obsérvese el empleo de la preposición for; *la razón de su triunfo,* the reason for his/her success.
14. financial se pronuncia [fɪˈnænʃl] o también, cada vez con más frecuencia [faɪˈnænʃl]
15. account: *cuenta,* y también *explicación, relato, exposición.*
16. not everything, cuando se coloca al principio de la frase la hace más llamativa. Recordatorio, everything corresponde a *todo* o a *cada cosa.* Lo mismo sucede con el adjetivo every: todos los días everyday.
17. any number: *un número cualquiera* (lit.), o también *un gran número, una multitud.*
18. reason for his behavior: cf. 13.
19. underlying 1) *subyacente;* 2) *fundamental, profundo.* Del verbo to underlie. (-lay, -lain).
20. set: 1) *conjunto, juego;* 2) (en este caso) *elemento de un conjunto.*

1 - Otras formas de dar explicaciones:

to explain	explicar
to explain away	disculpar dando explicaciones
to account (for something)	explicar (las causas, las razones), dar cuenta de
to figure out, to decipher	descifrar, interpretar
to interpret	interpretar
to simplify	simplificar
to expound	exponer (en el sentido de explicar)
to expose	exponer (en el sentido de poner en peligro)
to set s.o. a problem	confrontar a alguien con un problema
to set the scene	plantear la situación
to outline	esbozar, trazar
to brief	dar instrucciones breves, aleccionar
to expatiate	explayarse, extenderse
to lecture	dar un disertación, una conferencia
to provide evidence	aportar pruebas, proporcionar evidencia
to go back on (upon) one's word	retractarse
to recap, to recapitulate	recapitular
to summarize	resumir
to sum up	compendiar

2 - Expresiones:

in brief	en una palabra, en resumen
to make a long story short	en resumidas cuentas
in short, in a nutshell	en resumen, en síntesis
the gist [dʒɪst] of the matter	el fondo del asunto
the crux [krʌks] of the matter	el punto principal del asunto
all things considered	todo considerado
given that	dado que
owing to	debido a, por causa de
the particulars of the case	los pormenores del caso
let's get our facts and figures right	pongámonos de acuerdo sobre los hechos
are you with me on this?	¿usted me entiende? ¿me va siguiendo?
to me	para mí
to my mind	en mi opinión, según mi...
in my eyes	para mí, en mi modo de ver
from my point of view	desde mi punto de vista

| with the wisdom of hindsight | a posteriori, a la luz de los hechos |
| wisdom | sabiduría |

3 - Forma de solicitar aclaraciones:

can you be more specific?	¿puede ser más específico?
I don't quite follow	no comprendo muy bien
I've only got a dim view of...	no tengo más que una noción muy vaga de
what are you driving at?	¿a dónde quiere llegar?
I can't get the drift of	no puedo comprender el significado de
I'm still in the dark as to...	no entiendo todavía lo referente a...
put me in the picture (pop.)	póngame al corriente/explíqueme de qué se trata

---

Explanations **Ejercicios** 10-4

Tradúzcase:

1. Eso no vale la pena.
2. Necesito un descanso.
3. Esta vez trata de poner atención a lo que digo.
4. Ella temía que pudiera despertarte.
5. Está lejos de ser un relato completo de lo que pasó.
6. Él estaba preocupado por su situación financiera.
7. No todo puede explicarse de esa manera.
8. No hay ninguna razón válida para su comportamiento.
9. Se tropezó con el cable (eléctrico).
10. No te preocupes por los detalles.

Respuestas

1. It's not worth it.
2. I need a rest.
3. This time, do try and pay attention to what I'm saying.
4. She was afraid she might wake you up.
5. It is far from being a complete account of what happened.
6. He was worried about his financial situation.
7. Not everything can be explained in this way.
8. There is no single reason for his behavior.
9. He tripped over the cable (wire).
10. Don't bother with the details (don't worry about the details).

Diálogo 1

— I'm really sorry about last night. If we'd only known[1] that your husband was ill[2]. It was so embarrassing.
— It was all my fault[3]. I should have warned you[4] when you told me it was your son's birthday[5].
— And, by the way, my son was going to make his excuses[6] himself, but I thought it would be better if he didn't disturb[7] your husband. Will you apologize[8] to him for us, please?

Diálogo 2

P. = Peter   M. = Mary   J. = Jane

P. — Hello, it's me. I'm sorry I'm late.
M. — And so you should be. We've been waiting for you for ages[9]. Come in[10], anyway.
P. — Thanks. Yes, well, the thing is[11], it wasn't my fault. I can explain. You see, it was like this...
M. — Oh, never mind[12], it doesn't really matter. Have a drink[13] and don't worry about it.
P. — Thanks again. I'll tell you about it another[14] time.
J. — Excuse me, can I just get past[15]?
P. — I beg your pardon? Whoops[16]! Oh dear, I do[17] apologize.
J. — But look! It's gone all down my dress!
P. — Oh, and it's all my fault, too. Look, I didn't mean to[18], honestly[19]. It was an accident. It just happened[20] I didn't realize... Is there anything I can do?
J. — No, I'll just have to take it to be cleaned in the morning. But I know you didn't do it on purpose. I shouldn't have pushed past you like that.
P. — Am I forgiven, then?

embarrassing	[em'bærəsɪŋ]	apologize	[ə'pɔlədʒaɪz]
excuses	[ɪks'kju:sɪz]	honestly	['ɔnɪstlɪ]
disturb	[dɪs'tɜ:b]	deliberately	[dɪ'lɪbəreɪtlɪ]

1. if we'd only known = if we had only known: si *tan sólo hubié-ramos sabido*. Cuando la expresión if only va seguida del anteco-pretérito del Inglés (se traduce como el antepretérito de subjuntivo del Español) expresa pena, lamento.

2. ill: *enfermo*. Illness, *enfermedad*; indica en general una **enferme-dad** de tipo microbiano o contagioso mientras que sick, sickness, indican un *malestar*, una *indisposición*.

3. fault: *falta*, con el sentido de responsabilidad. Distíngase de mis-take (*falta*, con el significado de error de juicio o falta de ortografía o de cálculo) y de error, *equivocación*.

4. I should have warned you: *debería haberte prevenido*.

5. birthday: *cumpleaños; aniversario de un acontecimiento*: anni-versary.

6. to make his excuses: *presentar excusas, disculparse*. Sin embar-go, en la primera persona se dirá: I wish to apologize, I wish to offer my apologies: *deseo presentar mis disculpas*.

7. it would be better if he didn't disturb: *sería mejor que (él) no molestara*. Obsérvese la concordancia de tiempos: *será mejor que (él) no moleste*: it will be better if he doesn't disturb.

8. will you apologize: will tiene aquí su significado pleno de *que-rer*, y expresa una solicitud cortés (*quisiera... por favor*)

9. we've all been waiting for you for ages: *Lo estamos esperando des-de hace una eternidad*. Empleo del presente perfecto para designar una acción empezada en el pasado y que aún continúa en el presente.

10. come in: acentuar bien in al pronunciar esta expresión.

11. the thing is: expresión popular, *a decir verdad, de hecho*, etc.

12. never mind: *no es nada, no tenga cuidado*; to mind: *tener cui-dado, poner atención, guardarse de*.

13. to have con el sentido de *tomar*, to have tea, coffee, to have break-fast, etc.

14. another, adjetivo o pronombre, se escribe con una sola palabra.

15. can I just get past?: *¿puedo pasar?*; el empleo de "just" infunde cortesía a la expresión.

16. whoops!: exclamación que indica sorpresa, consternación; expresa también la intención de disculparse.

17. do + verbo, en forma afirmativa, indica la insistencia.

18. I didn't mean to: sobrentendido do it.

19. honestly, honest, etc., junto con hour, heir, *heredero*, pertenecen al grupo de palabras poco comunes en las que la h inicial no se pronuncia.

20. it just happened: to happen, *llegar, acontecer, producirse*, ex-presa la idea de un acontecimiento no planeado o esperado. Cf. a happening.

1 - Atención:

to apologize	presentar, ofrecer disculpas
to apologize for something	disculparse por algo
to apologize for somebody	presentar disculpas por alguien
to excuse someone, to find excuses for someone	dispensar a alguien
to apologize for someone	presentar las disculpas de alguien

las expresiones siguientes pueden ser sinónimas, pero en general:

excuse me	indica una solicitud de autorización o anuncia una pregunta
pardon me	se usa después que se ha cometido una falta de cortesía o cuando se ha causado una molestia involuntaria
forgive me	indica que se quiere pedir perdón por una falta o por algo que hubiera podido molestar
I beg your pardon?	expresa que no se ha comprendido o escuchado.

2 - Expresiones que se utilizan para disculparse:

I'm sorry	lo siento
I'm so sorry	lo siento mucho
my mistake	es mi culpa
sorry, I didn't mean to	lo siento, no fue mi intención
I didn't do it on purpose ['pɜːpəs]	no lo hice a propósito
I have no excuses	no tengo pretexto alguno
I hate myself for...	me odio por (haber...)
I am ashamed	estoy avergonzado por...

3 - Otras fórmulas útiles:

to feel sorry	lamentar, sentirse culpable
to express regret	expresar pena, arrepentimiento
to feel guilty	sentirse culpable
to admit one's guilt	reconocer (uno) su propia culpabilidad
to confess one's faults	confesar o reconocer (uno) sus errores

4 - Fórmulas escritas (cartas, etc.):

please accept our apologies	acepte por favor nuestras disculpas
we wish to tender our...	deseamos presentar nuestras...
we are indeed sorry that...	sentimos verdaderamente que...

I am sorry I put you to such inconvenience	Lamento haberle causado tal disgusto.
we hope you will forgive...	esperamos que disculpe...
we will do our best to avoid a recurrence of such...	haremos todo lo que esté en nuestras manos para evitar que tal hecho se produzca

---

Ejercicios

11-4

A Tradúzcase:

1. Lamento mucho llegar tarde.
2. Mi hijo estuvo enfermo anoche.
3. Pensé que sería mejor que él no molestara a su esposo (de usted).
4. Le contaré eso en otra ocasión.
5. No es nada. Eso no tiene importancia.
6. ¿Puedo hacer algo?
7. Lo estamos esperando desde hace mucho tiempo.
8. No se preocupe por eso.
9. Él me dijo que era el cumpleaños de su hijo.
10. Solamente es mi culpa.

B Conviértase al presente perfecto o al pretérito según convenga:

1. My husband (to be) ill last night.
2. We (to wait) for you for ages.
3. She (to arrive) late at yesterday's meeting.
4. He (to warn) us for weeks.
5. You didn't tell me when it (to happen).

Respuestas

A
1. I'm sorry, I'm late.
2. My son was ill last night.
3. I thought it would be better if he didn't disturb your husband.
4. I'll tell you about it another time.
5. Never mind. It doesn't really matter.
6. Is there anything I can do?
7. We've been waiting for you for ages (for a long time).
8. Don't worry about it.
9. He told me it was his son's birthday.
10. It's all my fault (it was all my fault).

B
1. was;
2. have been waiting;
3. arrived;
4. has been warning;
5. happened.

Diálogo 1

— Here's your drill back[1]. Thanks ever so much[2] for lending[3] it to me. It was very useful.
— You can keep it a bit longer if you still need it.
— No, thanks. It's very kind of you, but I've finished the job now.
— Well, feel free[4] to borrow[5] it again whenever[6] you need it. I hardly ever[7] use it.
— That's very kind of you. I hope I'll be able to return the favor some time. Thanks again.
— Don't mention it[8].

Diálogo 2

P. = Peter   J. = John

P. — John, I know you're busy[9], but can I ask you a favor?
J. — Okay, as long as[10] it doesn't take too long. What is it?
P. — Will[11] you drive me to the station? I'm desperate[12]. I've just got[13] to get the next train, and the bus never gets there[14] in time.
J. — Sure! we'd better be[15] quick though. James will be coming round[16] in about half an hour, and I'll have to be back here in time to let him in[17].
P. — Oh, that's great. I'm really grateful.
J. — It's the least[18] I could do. Don't mention it. Let's get going[19] before it is too late.
P. — Thanks. But are you sure it's not inconvenient at all? I don't know how I'll be able to make it up[20] to you.
J. — Oh, don't worry about it. After all, you'd do[21] the same for me.

| whenever | [wen'evə] | though | [ðəʊ] |
| desperate | ['desprɪt] | inconvenient | [ˌɪnkən'viːnjənt] |

54

Observacciones

1. *Le devuelvo su taladro.*
2. *Muchísimas gracias.* Ever da idea de intensidad. La expresión **ever so** se combina a menudo con diversos adjetivos en varios tipos de expresiones: **ever so simple,** *extremadamente sencillo;* **ever so difficult,** *difícil en extremo;* **ever so long,** *por mucho timpo.*
3. *Por habérmela prestado* (lit. *por prestarla a mí*); adviértase que en casos como éste, el inglés no establece la concordancia de tiempos; cf.: **thank you for coming,** *gracias por haber venido.*
4. **Feel free to:** *no te preocupes de,* por lo tanto, *no dudes en.*
5. **To borrow:** *pedir prestado.* Recuérdese: **to lend, lent,** *prestar;* **a loan,** *un préstamo.*
6. **Whenever:** *cada vez que;* cf.: **wherever,** *dondequiera que.*
7. **Hardly:** *apenas.* No confundirlo con el adverbio **hard,** *fuerte, mucho,* que se escribe igual como adjetivo; **he works hard,** *él trabaja mucho;* **she treats him very hard;** *ella le trata con severidad;* **hardly ever:** *casi nunca.*
8. **Don't mention it:** *no hay por qué, olvídelo, no es nada.*
9. Obsérvese la pronunciación ['bɪzi]; la misma regla es aplicable a **business** ['bɪznɪs].
10. *Porque, si, sólo si, en la medida que.*
11. **Will** indica aquí sentido de voluntad; *puedes (quieres) llevarme a...*
12. **Desperate:** *desesperado,* con frecuencia tiene el sentido de *acorralado* (situación desesperada).
13. **I've got to:** + verbo; *es necesario que yo, yo debo;* **to get the next train:** *tomar el próximo tren* (**to get** = *alcanzar, conseguir*).
14. **Get there:** *estar ahí, llegar allá.* Un sentido más de **to get.**
15. **We'd better be:** forma seguida de un verbo en infinitivo sin **to.** **I had better = I'd better,** *es mejor que yo, más vale que yo.*
16. **Round:** esta preposición da la idea de venir, de llegar, de regresar, de pasar a ver a alguien. Ej.: **come round to my office,** *pasa a verme a mi oficina;* **to ask s.o. round for the evening,** *invitar a alguien a venir a pasar la velada.*
17. **To let him in:** *para hacerle entrar, para abrirle.*
18. *Es poca cosa* (lit: *es lo menos que yo puedo hacer);* **the least** superlativo de **little** (comparativo, **less**).
19. **To get going:** 1) *ponerse en camino;* 2) *comenzar, iniciar, emprender cualquier cosa.*
20. **To make it up:** *pagar con la misma moneda;* **to make up,** *compensar.*
21. **You'd do = you would do:** *tú harías;* cf.: **you would have done, you'd have done;** *tú hubieras hecho.*

1 - Formas más comunes de agradecimiento:

thank you	gracias
thanks	gracias (pop.)
don't mention it	no es nada, ni lo mencione
you're welcome	de nada
it's so nice of you	es muy amable de su parte
how kind of you!	qué amable

2 - Expresiones importantes:

thank you = yes please	(en una comida, etc.) significa una aceptación
no, thank you -	no, gracias (para rechazar)
to dismiss, fam. (IM) to fire, (IT) to sack	despedir (de un empleo)
acknowledgements [ək'nɔlɪdʒmənts]	reconocimientos
mercy	1) misericordia, clemencia, piedad
	2) merced, favor, perdón

3 - Otras palabras y expresiones:

to be grateful	estar agradecido
gratefulness	gratitud, agrado
gratitude	gratitud, agradecimiento
to be thankful for something	estar agradecido, feliz por algo
to be grateful to somebody	estar agradecido a alguien
thankfulness	gratitud
without a word of thanks	sin dar las gracias
heartfelt thanks	las más sinceras gracias, el más sincero agradecimiento
halfheartedly	fríamente, con indiferencia
whole-heartedly	de todo corazón
reluctantly	de mala gana, a regañadientes
to thank curtly	agradecer fríamente

4 - Formalismos comunes en las cartas:

thank you for your letter of...	agradecemos su carta del...
we wish to thank you for...	deseamos agradecerle por...
we wish to express our thanks for...	deseamos expresarle nuestra gratitud por...
we would be grateful if you would...	le agradeceríamos mucho que usted quisiera.

A Conviértase al condicional en tiempo pasado:

1. You'd do the same for me.
2. The bus will never get there in time.
3. It doesn't take too long.
4. You can keep it a bit longer.
5. He'll have to be back in time.

B Tradúzcase:

— Muchas gracias por haberme traído a la estación (en su auto). Espero que algún día pueda devolverle el mismo favor.
— No es nada. Usted hubiera hecho lo mismo por mí. Y tengo un favor que pedirle. ¿Puede prestarme su taladro?

Respuestas

A 1. You'd (would) have done the same for me.
2. The bus would never have got there in time.
3. It wouldn't have taken too long.
4. You could have kept it a bit longer.
5. He would have had to be back in time.

B — Thanks so much for driving me to the station. I hope I'll be able to make it up for you sometime (to return the favor).
— Don't mention it. You'd have done the same for me. And I have a favor to ask. Can you lend me your drill? (May I borrow your drill?).

Thanksgiving: Día de Gracias. Fiesta nacional estadounidense. Se celebra el 4to. jueves del mes de noviembre y en ella se conmemoran los actos de agradecimiento que ofrendaron a Dios los primeros colonizadores, en tributo de los favores que de Él recibieron.

Diálogo 1

— You would do better to wait[1] till Monday. There won't be so
many people on the roads then!
— Yes, but Helen wants to be home by the end of the week[2]. She
likes to be there when the children come back from holiday.
Personally[3], I would have liked to stay a few days longer; but
you can't always have everything you want, can you?

Diálogo 2

J. = John   P. = Peter

J. — Are you still going to New Mexico tomorrow?
P. — Yes. I suppose I could go by car but I think I'd rather go[4]
by train.
J. — But the car is so much cheaper[5]. Surely it's better value[6].
P. — That's true, but I like to be able to get up and stretch my legs
every now and then[7], instead of being stuck[8] in my seat the
whole time.
J. — Oh but it doesn't take as long as all that. It goes straight up
the highway[9] after all. And a lot of people seem to prefer
it. You must admit it's more convenient in many ways.
P. — Well, I suppose it does save going all the way to the train
station. It is simple in that sense. But on the whole, I would
still rather take the train.
The fact is, the timetable[10] suits[11] me better.
J. — I get it[12]. You don't want to miss lunch[13]!
P. — Well would you[14]? With the car I'd have to leave[15] mid-
morning[16]. Anyone would agree that it's preferable to have
lunch and then go by train in the afternoon.

---

preference	['pref(ə)rəns]	admit	[əd'mɪt]
personally	['pɜːs(ə)nəlɪ]	preferable	['prefərəbl]
New Mexico	(..........)	afternoon	['aːftə'nuːn]
tomorrow	[tə'mɔrəu]		

1. you would do better to wait: *usted haría mejor en esperar, sería mejor que usted esperara*. Compárese con you had better wait, que tiene el mismo sentido, pero que se construye con el infinitivo sin to.
2. se emplea by con una fecha cuando se tiene en cuenta el periodo que precede. It will be finished at the end of the month, *estará terminado a fin de mes*; it'll be finished by the end of the month, *estará terminado en la víspera del final del mes*.
3. personally: obsérvese la ortografía: person + al: personal + ly: personally.
4. I'd rather go = I had rather go, o I would rather go: *preferiría, me gustaría ir*. I'd rather va seguido del verbo infinitivo sin to.
5. *mucho más barato, mucho menos caro*; so much + comparativo: *mucho más*; so much more difficult, *mucho más difícil*.
6. *es más económico* (financieramente); it's better value for your money, *gana más por su dinero*.
7. every now and then, every now and again: *de vez en cuando*.
8. stuck: (lit.) *clavado*; to stick, stuck, stuck, *clavar, sumir*.
9. highway: *autopista*; toll road, *camino de cuota* (peaje).
10. timetable: *horario, itinerario*.
11. to suit: *convenir (desde el punto de vista de las necesidades y gustos)*. Compárese con to fit, *convenir desde el punto de vista del tamaño, de la adaptación al contexto*. Blue suits you, *el azul le va bien*; his shoes do not fit me, *sus zapatos no me quedan*.
12. *entiendo, comprendo*. Cf. lección 17. "Otras nociones" p. 76.
13. *no desayunar, omitir el desayuno*. Atención con to miss somebody: 1) *faltar, carecer, perder*: she missed him at the station, *ella lo perdió en la estación*; 2) *extrañar, la ausencia*. I miss you, *te extraño*.
14. sobrentendido want to miss lunch. Puede traducirse como *¿y tú?*
15. I'd have to leave = I would have to leave.
16. mid-morning: cf. mid-afternoon: *a media tarde*; mid-July, *a mediados de julio*; mid-year: *a mediados de año*, etc.

1 - Otras formas de indicar una preferencia:

to prefer	preferir, dar preferencia
to like better	gustar (más)
to like best	preferir
to rank higher	ocupar un nivel más elevado
to value higher	valorar a un nivel más alto, asignar un valor más alto
to give priority/precedence to something (on/over something else)	dar prioridad a algo sobre otra cosa
to be keener on	ser muy aficionado a...,
to be fonder of	ser amigo de, gustarle a uno (algo)
to be partial to	tener predilección, debilidad por
to think it (more) advisable to	considerar (algo) más conveniente, recomendable
to think it more suitable	pensar (algo) más apropiado
to be in favor of	estar a favor de, ser partidario de
to favor	favorecer, preferir
to incline towards	inclinarse hacia
it's up to you	está en sus manos, la decisión es suya

2 - Repaso del comparativo y del superlativo:

Cf. comp. No. 3

Atención:

the best in the world	el mejor del mundo
the largest in town	el más grande de la ciudad
the better of the two	el mejor de ambos

3 - Obsérvese la construcción de I **had rather**, I **would rather**, *me gustaría, preferiría*, que va seguida del infinitivo sin **to**: **would you rather have tea or coffee?**

¿preferiría usted té o café?

I **had rather** + sujeto + verbo:

el verbo que sigue después está en pretérito modal (con valor de subjuntivo): I **had rather we left on Wednesday**, *me gustaría más que partiéramos el miércoles*.

A Tradúzcase:

1. Me hubiera gustado quedarme algunos días más, pero Elena quiere llegar a la casa en la víspera del fin de semana.
2. Me gustaría más ir en coche, porque pienso que es más conveniente.
3. El horario me conviene más.
4. Mucha gente prefiere tomar el tren.
5. Me gusta poder estirar las piernas.

B Coloque el acento tónico:

1. to prefer
2. preference
3. preferable
4. convenient
5. personally
6. to suppose
7. to admit
8. tomorrow
9. everything
10. afternoon

Respuestas

A 1. I would have liked to stay a few days longer, but Helen wants to be home by the end of the week.
2. I'd rather go by car, I find it more convenient.
3. The timetable suits me better.
4. A lot of people prefer to take the train.
5. I like to be able to stretch my legs.

B 1. en la 2a. sílaba [prɪˈfɜː(r)] ;
2. en la 1a. sílaba [ˈpref(ə)rəns].
3. en la 1a. sílaba [ˈpref(ə)rəbl].
4. en la 2a. sílaba [kənˈviːnɪənt].
5. en la 1a. sílaba [ˈpɜːsənlɪ].
6. en la 2a. sílaba [səˈpəuz].
7. en la 2a. sílaba [ədˈmɪt].
8. en la 2a. sílaba [təˈmɔrəu].
9. en la 1a. sílaba [ˈevrɪθɪŋ].
10. en la 1a. sílaba [ˈɑːftəˈnuːn].

Diálogo 1

— Well done! I didn't know you were such a good pianist[1]. Honestly[2], I'm really impressed.
— Oh, I'm not as good as I used to be[3]. I hardly ever get time to practice[4] these days[5].
— You shouldn't be so modest. I wish I could play[6] half as well. I don't know how you find the time. It must be wonderful for you.

Diálogo 2

M. = Mary   P. = Peter

M. — Hello, Peter. You do look pleased[7] with yourself today. How are things with you these days[8]?
P. — Oh, fine thank you. Can't complain[9].
M. — Wait a minute. Didn't you have to take an exam[10] a week or two ago? Have you got the results yet?
P. — Yes I have, actually[11]. They came through[12] yesterday. It's all right, I passed[13].
M. — Oh, well done! I'm so pleased. That's very good news[14]. Mind you[15], you deserved it. It would have been ridiculous if they'd failed you[16], after all the work you've put in[17].
P. — No, I felt it came as a bit of a relief[18], as a matter of fact. But as it turned out[19] my marks were good enough for me to go on to do an M.A.[20] Now I can be sure of getting a grant[21].
M. — Congratulations. That's wonderful. But of course you deserved[22] it, there's no question about it. In fact, I should think you've probably come top[23].
P. — Thanks very much, it's very kind of you to say so.

---

congratulations	[kən'grætju'leɪʃnz]	wonderful	['wʌndəful]
done	[dʌn]	actually	['æktjuəlɪ]
pianist	['pɪænɪst]	relief	[rɪ'li:f]
impressed	[ɪm'prest]	deserve	[dɪ'zɜ:v]
modest	['mɔdɪst]		

1. *tan buen pianista*; such se coloca antes del artículo **a**, **an**.
2. en **honest** y sus derivados, la **h** no se pronuncia.
3. la forma frecuentativa **used to** se utiliza para confrontar el presente con el pasado (muchas veces con pena): **things aren't what they used to be**, *las cosas no son lo que solían ser*.
4. to practice, *practicar*, *entrenar*. El inglés tradicional escribe en forma diferente el verbo **to practise** y el sustantivo **practice**; el inglés moderno utiliza una sola grafía: **practice, to practice**.
5. *en nuestros días, hoy, en estos tiempos*. In those days, *en aquellos días* (cf. at that time; *en aquel tiempo*).
6. *si tan sólo yo pudiera...*; to wish + pretérito expresa un deseo que se considera irrealizable. Se traduce como *desearía* + infinitivo o *si solamente* + verbo en pretérito de subjuntivo. I wish I knew, *desearía haberlo sabido*, ¡Oh si (tan sólo) yo supiera!
7. *pareces muy satisfecho*: do es una forma de insistencia.
8. *¿cómo van las cosas para usted en estos días?* Se puede encontrar también how's life?
9. can't complain en lugar de I can't..., *no puedo quejarme*.
10. to have to: con el significado de *deber, tener que*, es un verbo que se conjuga con to do. To take an exam o to sit for an exam: *hacer, presentar un examen*. Distinguirlo de to pass (to fail) an exam, *pasar o aprobar (reprobar) un examen*. La abreviatura exam es más común que examination. Obsérvese la pronunciación de to examine [ɪgˈzæmɪn].
11. *actual* y *actually* son dos palabras parecidas al español pero que significan *real, verdadero* y *realmente, verdaderamente*. *Actualmente* se dice... today, currently o simplemente now.
12. *llegaron*.
13. ¡*aprobé!* (el examen), cf. 10.
14. *news, noticias*: colectivo singular en inglés, a pesar de la s final, como information, *informes*. Singular a piece of news, *una noticia*, pero en la práctica news puede traducirse por un singular: *esto es una buena noticia*.
15. *observación/observe*; to mind, *dar importancia a, ocuparse de*.
16. to fail: *fracasar, reprobar, suspender un examen o prueba*.
17. to put in a lot of work: *realizar un gran trabajo*.
18. relief: *alivio*, to relieve, *aliviar, socorrer*.
19. to turn out: *producirse, efectuarse*.
20. M.A.: Master of Arts. Maestro en Artes/Humanidades.
21. grant: *donación, subvención*: en este caso beca. To grant, *otorgar, acordar*.
22. to deserve: *merecer*; obsérvese el sustantivo derivado: deserts [dɪˈzɜːrts] *mérito, merecido*, he got his deserts, *tuvo su merecido*.
23. to come top: (pop.) *llegar a estar entre los primeros, llegar a ocupar uno de los primeros lugares*.

1 - Atención:

to congratulate sb on sth/for sth congratulations	felicitar a alguien por algo, felicitaciones, bravo por
to congratulate oneself on sth to express satisfaction at sth.	felicitarse por algo, expresar satisfacción por

2 - Expresiones propias para felicitar a alguien:

happy birthday to you (+ first name)	feliz cumpleaños (+ nombre)
many happy returns	
congratulations (on your marriage)	felicidades (por su matrimonio)
we wish you every happiness	le deseamos toda la dicha
congratulations for the baby	felicitaciones por el bebé
and every good wish for his/her mother	y todos los mejores deseos para su mamá

3 - Expresiones propias para los brindis:

Esta costumbre, tan común en todos los países, se acompaña algunas veces en Estados Unidos de formalismos muy tradicionales, principalmente en los medios oficiales. En particular, casi siempre se empieza brindando por la Reina: "**Gentlemen (to) the Queen!**"

let's drink to...	(bebamos) a la salud de...

Cuando ocurre una ceremonia de tipo oficial en la que se festeja o se rinde homenaje a alguien, una tradición típica y muy usual consiste también en repetir en coro un verso célebre que ha traspasado muchas fronteras. Se trata de una canción muy simple compuesta de dos frases que se repiten 3 veces cada una:

for he's a jolly good fellow (three times)	él es un gran compañero (3 veces)
and so say all of us (three times), or which nobody can deny (3 times)	todos nosotros lo decimos así y nadie lo puede negar (3 veces)

4 - Otras expresiones para felicitar o apoyar a alguien:

well done, bravo	¡bien hecho!, ¡bravo!
to praise	alabar, elogiar
to extol, extoll (leng. c.)	exaltar (méritos), ensalzar
to back	respaldar, dar apoyo
to support	apoyar (financieramente)
to endorse	apoyar, sostener

A Entre las cuatro proposiciones siguientes escójase aquella que convenga mejor a la situación que se describe:

1. She is... good pianist.

   a) a so b) such a c) so d) how

2. I hardly... get time to practice.

   a) never b) often c) ever d) any more

3. I wish I... play half as well.

   a) had b) can c) know d) could

4. He's not as good as he...

   a) used b) used to be c) used to d) was used to

5. ...to take an exam a week ago?

   a) Didn't b) Haven't c) You d) Mustn't you
   you have you had had not

B Tradúzcase:

— ¡Bravo! ¡No sabía que usted jugara tan bien!
— Oh, ya no soy tan bueno como lo era antes. Casi no tengo tiempo de practicar.
— ¡Me gustaría saber jugar la mitad de bien que usted!

Respuestas

A 1. b: such a   Es una gran pianista
    2. c: ever   Casi ya no tengo tiempo de practicar.
    3. d: could   ¡Ah, si yo tuviera la mitad del talento que tiene usted para jugar!
    4. c: used to   No es tan bueno como solía serlo.
    5. a: didn't   ¿No tenía usted que presentar un exa-
        you have   men hace una semana?

B — Well done. I didn't know you played/could play so well!
    — Oh, I'm not as good as I used to be! I hardly ever get time to practice.
    — I wish I could play half as well as you do!

Diálogo 1

— So you still haven't[1] found that jacket I left to be dry cleaned[2]? You told me last week[3] I'd have it back[4] by today at the latest[5].
— It's the delivery man's fault[6]. He won't be coming until tomorrow[7].
— Listen, this has gone on long enough. I don't care whose fault it is[8]. All I care about is the fact that you've lost my jacket. If you don't find it by tomorrow, then you'll have to pay for it. I've been patient long enough.

Diálogo 2

S. = Mr Stewart   R. = Receptionist

S. — Excuse me!
R. — Ah, good morning, sir. Sorry to keep you waiting[9]. I'm afraid I'm rather busy. Is there anything wrong?
S. — Yes, as a matter of fact there is. I wish to make a complaint[10].
R. — Oh, I'm so sorry. What's the matter? Didn't you sleep well?
S. — No I did not. In fact I was kept awake[11] half the night by the people in the next room. It sounded as though[12] they were having a party.
R. — I'm terribly sorry, sir. I'll mention it to them when I see them. But I think they're probably leaving today in any case. If not we can always see about putting you in another room, if that's what you'd prefer.
S. — I hope it won't come to that[13]. But there's another thing; I wasn't at all satisfied by the breakfast this morning. The tea was cold, and the waitress refused to bring another pot. I would have thought[14] that at the price I'm paying, that shouldn't have been a problem[15].
R. — You're quite right, sir. I'll see if I can get that put right.
S. — In fact I'm going to insist on having the breakfast charge taken off my bill[16].
R. — I'm afraid I can't make any reductions, sir. I don't have the authority.
S. — Then I'd like to see the manager[17], if you please. I don't like the way I've been treated, and I feel I have a legitimate complaint.

delivery	[dɪˈlɪvərɪ]	authority	[ɔːˈθɔrɪtɪ]
patient	[ˈpeɪʃənt]	manager	[ˈmænɪdʒər]
complaint	[kəmˈpleɪnt]	legitimate	[leˈdʒɪtɪmɪt]

1. still: en una frase negativa, tiene un valor de insistencia, Ej. he hasn't arrived yet, *él no ha llegado aún*. He has still not arrived, *él no ha llegado todavía*.

2. to dry-clean: *limpiar en seco, lavar en seco*.

3. *usted me dijo la semana pasada*. Se debe emplear el pretérito cuando se desea describir con una fecha una época pasada que aún es reciente.

4. I'd have it back = I would have: lit: *que yo lo tendría de regreso*, es decir *que estaría lista, que yo podría recuperarla*.

5. at the latest: *a más tardar, último plazo*.

6. delivery: *entrega*: deliveryman, *repartidor, distribuidor*; to deliver, *entregar*.

7. *no pasará de mañana*; lit: *no sino hasta mañana* Cf. *no tendremos los resultados antes de la semana próxima*. We won't have the results until next week.

8. *no quiero saber de quién es el error, quién es responsable*.

9. *lamento haberlo hecho esperar*; Obsérvese que la forma terminada en -ing es suficiente para expresar el hecho de que se ha estado esperando desde hace un cierto tiempo. Otro ejemplo: I remember meeting him, *yo recuerdo haberlo encontrado*.

10. to make a complaint: *presentar una queja, hacer una reclamación*. Obsérvese el empleo de to make; en un estilo más oficial encontramos to lodge a complaint.

11. I was kept awake; lit: *fui mantenido despierto*, de donde tenemos: *esto me ha impedido dormir, no he podido dormir a causa de esto*.

12. it sounded as though: *sonaba como si...*; to sound, *dar la impresión, parecer* (sonido o ruido). Para alguna cosa visual, to look; it looks like rain, *parece que va a llover*, it sounds like a plane, *parece un avión*.

13. *espero que eso no suceda*; to come to, *llegar a*.

14. *habría pensado/creído que...* y de ahí: *yo encuentro que... estimo que...*

15. *que eso no debería haber sido un problema*.

16. *para deducir, descontar/para que se deduzca el desayuno de mi cuenta. Hacer como que una cosa fue hecha*: to have sth + participio pasado (aquí taken). Otros ejemplos: *mandar construir una casa*; to have a house built; *mandar componer un coche*, to have a car repaired. Bill: *cuenta, nota*, (US check); charge, *suma, cantidad a pagar*.

17. manager, *gerente*; to manage [ˈmænidʒ]: administrar, *manejar*.

1 - Formas de hacer una reclamación:

Los sustantivos **claim** y **complaint** pueden ser sinónimos con el significado de *reclamación* pero **claim** expresa además una *reivindicación*, **complaint** expresa también una *queja*.

to make a complaint	hacer una reclamación, presentar una queja
to lodge a complaint against/with	sentar una queja contra/con
to file a claim/complaint	entablar un reclamo, sentar una denuncia
Complaint Department Claims Departments	departamento de quejas, de reclamaciones
to claim; to claim for	afirmar, alegar

2 - Expresiones jurídicas:

to take legal action, to bring an action against sb. to file a lawsuit, to sue, to go to court, etc.	hacer un proceso, entablar juicio contra alguien, buscar justicia, perseguir
the plaintiff, the claimant	el reclamante, el demandante
the acussed	el acusado
lawyer	abogado, jurista
attorney, barrister	abogado (en la corte), procurador, agente legal,
to seek legal advice	buscar asesoría legal

3 - Ejemplo de una carta de reclamación:

Sir,

I'm sorry to let you know that I am very unhappy with the service I got from your... agency

The car I rented from them broke down after 150 miles. Despite the repairman's clear verdict — bad maintenance — I have been unable to obtain the refunding of repair costs (see enclosed invoice).

Unless this amount is settled promptly, I will have to bring the matter before the court.

Sincerely,

Señor:

Lamento mucho hacerle saber que estoy verdaderamente disgustado por el servicio que recibí de su agencia de...

El automóvil que renté se descompuso después de haber recorrido 150 millas. A pesar del claro diagnóstico del mecánico: mal mantenimiento, me ha sido imposible obtener la devolución de los gastos de reparación (ver factura adjunta)

A menos de que esta cantidad sea saldada en un plazo de tiempo razonablemente breve, tendré que llevar el asunto ante la corte.

Sinceramente,

A Tradúzcase:

1. Quisiera ver al director.
2. Me temo que (él) esté muy ocupado. ¿Hay algún problema?
3. Sí, en realidad, (yo) quiero hacer una reclamación.
4. Lo siento mucho. ¿De qué se trata?
5. Las personas del cuarto contiguo me tuvieron despierto la mitad de la noche. Exijo que nos pongan en otro cuarto.

B Conviértase a la voz pasiva, comenzando por el sujeto I o We:

1. The noise kept me awake.
2. You told me yesterday I could have it today.
3. They kept us waiting.
4. He left us in the room.
5. She brought me another pot.
6. They put us in another room.

Respuestas

A 1. I'd like to see the manager.
   2. I'm afraid he's rather busy. Is there anything wrong?
   3. Yes, as a matter of fact, I wish to make a complaint.
   4. I'm sorry. What's the matter?
   5. I was kept awake half the night by the people [in the] next room. I insist on being put in another room.

B 1. We were kept awake by the noise.
   2. I was told yesterday I could have it today.
   3. We were kept waiting.
   4. We were left in the room.
   5. I was brought another pot.
   6. We were put in another room.

Surprise

Diálogo 1

— My goodness[1], fancy[2] meeting you here! I didn't expect to see you again before September. But you're already back. How on earth[3] did that happen?

— Oh, but we're off[4] again in the morning. I just had to come and fetch[5] my brother-in-law[6] from the airport. What about you, though? I thought you were in Mexico. Don't tell me your holiday's over[7] already!

Diálogo 2

B. = Mr Baker   J. = Mr Jones

B. — By the way, how much did you have to pay for your evening out last week[8]?

J. — Well now, let me see. At the theatre[9] we got quite good seats in the stalls[10] for something over[11] two dollars each.

B. — What? That can't be right! I know it's a famous theatre and everything, but they can't get away with charging[12] that much[13], surely?

J. — I'm afraid they do[14]. I must admit it did seem[15] a lot to me at the time, just for the two of us. But then again, prices are going up all the time, aren't they[16].

B. — Yes, but within (in) reason[17]. They can't have doubled in the last five years[18] though. It's unbelievable!

J. — Well, of course, I couldn't afford[19] to make a habit of it, but it was a special occasion after all. And I didn't think it was all that[20] unreasonable.

B. — Well, as long as you enjoyed yourselves[21], that's the main thing[22].

J. — Yes, that's right. But I must admit I was really surprised when I got the bill in the restaurant afterwards. It was absolutely incredible. I thought there must have been[23] some mistake.

---

earth	[ɜːrθ]	special	[ˈspeʃəl]
Mexico	[ˈMeksikəu]	unreasonable	[ʌnˈriːzənəbl]
already	[ɔlˈredɪ]	restaurant	[ˈrestərənt]
theatre	[θiːətər]	absolutely	[ˈæbsəluːtlɪ]
unbelievable	[ʌnbɪˈliːvəbl]	incredible	[ɪnˈkredɪbl]

1. **my goodness!** indica sorpresa. **Goodness** se coloca en lugar de God, en numerosas expresiones (cf. *¡Ay Dios!*): thank Goodness, *gracias a Dios, bendito sea Dios*.

2. **fancy** delante del verbo + *-ing*; *qué sorpresa, no lo esperaba*. To fancy, *imaginarse, figurarse*.

3. **how on earth**: lit: *cómo sobre la tierra...* de ahí *¿cómo es posible que...?*

4. **off**: indica la partida. Off we go! *¡Ya nos vamos!*

5. **to come and fetch**, *venir a buscar*, to go and fetch, *ir a buscar*.

6. **brother-in-law**: *cuñado*. También **father-in-law; mother-in-law, sister-in-law. My in-laws**, (pop.) para referirse a los suegros. Distinguir de **step-brother**, *medio hermano*; **step-mother**, *madrastra*, etc.

7. **your holiday's over** = *your holiday is over*: holiday (IM vacation [vəˈkeɪʃn]) puede ser singular en inglés. To take a holiday, *tomar vacaciones, tomar un descanso*.

8. **last week**: obsérvese la ausencia de artículo: cf. **next month**, *el mes próximo*.

9. **theatre**: ortografía en IT; IM: **theater**; igualmente: en IT: **centre** y en IM: **center**.

10. **stalls**: *butacas*.

11. *algo así como, un poco más de...*

12. **to get away with**, *cometer impunemente;* to charge, *cobrar*.

13. **that much**: *tanto, tanta cantidad*. That antes de un adjetivo o un adverbio da la idea de intensidad. That big, *tan grande como eso*, that often, *tan seguido*.

14. *me temo que lo hacen, temo que sí*: obsérvese la referencia a la frase —can't get away— por medio del auxiliar **to do**.

15. *it did seem*; did como refuerzo, insistencia.

16. **aren't they** IT [aːnt], IM [æːrnt].

17. *dentro de ciertos límites*: within, *en el interior*.

18. **the last five years**: obsérvese el lugar que ocupa **five**, justo antes de **years**. La misma regla sería aplicable en: **in the next two weeks**, *en las dos siguientes semanas*; cf. *estos últimos días*, in the last/past few days.

19. **to afford** [əˈfɔːrd]; *permitirse, tener los medios para*.

20. *irrazonable a tal punto*: all that... cf. 13.

21. **to enjoy oneself**: *divertirse*; to enjoy sth, *disfrutar algo, gozar algo*.

22. *es lo principal, es lo esencial*.

23. **must**, defectivo, no tiene participio pasado, se utiliza el infinitivo pasado; *debe haber/debe de tener...*, there must be...; *debe haber tenido...* there must have been.

1 - **Expresiones que indican sorpresa:**

oh my (sobretendido: God)!	¡Dios mío!
good Lord!	¡Señor!
God!	¡Dios!
Gosh*!	¡por Dios!
Jesus!	¡Jesús!
Christ!	¡Cristo!
Jesus Christ	¡Jesucristo!
my Goodness!*	¡Bendito sea Dios!
Gracious* me!	
good* gracious!	¡válgame Dios!
Lord bless my soul!	
Lord!	¡Señor! (Ser supremo)
what the heck!	¡qué diablos!
what the hell! (argot)	¡qué me importa!
bloody...!	¡maldito! ¡esto no sirve!

*formas atenuadas de God.

2 - **Expresiones que indican incredulidad (disbelief):**

you must be joking	debe estar bromeando
to kid	embromar
are you serious/joking?	¿es en serio?/¿estás bromeando?
are you kidding?	¿estás bromeando?
now come! come on!	¡sin bromas!, ¡vamos!
you don't say!	
you don't mean to say...?	¿no querrás decir que...?
I'll be blown!	
it blows your mind	
it's mind boggling	¡es increíble!
the mind boggles at it	
you really don't mean that, do you?	realmente no quieres decir eso, ¿verdad?

3 - **Forma de solicitar explicaciones:**

how is it (that)...	¿cómo es que...?
how come...? (pop.)	¿por qué...?
how come he hasn't called yet?	¿cómo es que no ha llamado aún?

4 - **Verbos que indican sorpresa:**

to be surprised	estar sorprendido
to be amazed/astonished	estar admirado, atónito, sorprendido
to be astounded	estar estupefacto, absorto, pasmado
to be baffled	estar desconcertado, desorientado

| to be puzzled | estar intrigado, perplejo, turbado |
| to be flabbergasted (pop.) | estar asombrado, aturdido |

5 - Otras expresiones:

it really came as a surprise	realmente fue una sorpresa
to come out of (the blue)	salir (bien o mal) parado de
to be caught unawares	ser tomado por sorpresa

A Conviértase al pretérito:

1. I think he is in Mexico.
2. I know it's a famous theater.
3. I have to admit I can't afford it.
4. He has to come and fetch my brother.
5. It does seem a lot to me.
6. Prices are going up all the time, aren't they?

B Tradúzcase:

1. ¿Ya está usted de regreso? No esperaba verlo antes de septiembre.
2. Los precios se han duplicado y no pudimos permanecer más tiempo. ¡Las cuentas del restaurante son absolutamente increíbles!
3. ¿No me diga que sus vacaciones ya terminaron?
4. Me temo que sí. Bueno, nos divertimos, que es lo principal.

Respuestas

A 1. I thought he was in Mexico.
2. I knew it was a famous theater.
3. I had to admit I couldn't afford it.
4. He had to come and fetch my brother.
5. It did seem a lot to me.
6. Prices were going up all the time, weren't they?

B 1. You're already back? I didn't expect to see you again until/before September!
2. Prices have almost doubled, and we couldn't afford to stay any longer. The restaurant bills are absolutely incredible/unbelievable!
3. Don't tell me your holiday's over already?
4. I'm afraid so/I'm afraid it is. Well, we enjoyed ourselves, and that's the main thing!

Diálogo 1

— I'm a bit concerned[1] about my elder son[2] at the moment. I don't know what's the matter with him[3], but he's not getting on very well[4] at school, and he's always in a bad mood[5].
— Ah, you shouldn't worry about that[6]. It's quite normal at his age. He'll get over it[7]. It won't help[8] to get upset. Just as long as they're all healthy[9]...
— All the same[10], he does seem worried[11] about something. I wish I knew[12] what he has in mind. I don't like to see him like that.

Diálogo 2

M. = Mary   J. = John

M. — Come on. Put your coat on. We'd better get moving if we want to catch that train.
J. — Oh, stop worrying[13] about that train. We've got plenty of time left[14]. We don't need to leave for another twenty minutes[15] yet. We don't want to arrive too early, and have to waste time at the station.
M. — It's always better to be on the safe side[16]. You never know, we might get stuck[17] in the traffic and then we'd be in trouble[18].
J. — Oh, even if we miss it we can always get the next one. We'll still get to the airport in plenty of time. There's no need to hurry.
M. — It's all very well for you[19], but I'm not used to[20] these foreign trips. I can't help wondering[21] if everything is going to be all right.
J. — Well I've got everything under control[22], and I'm nearly ready to leave anyway.
M. — Oh good, I'll feel better when we're[23] moving. It'll be such a relief when we're[23] on the plane.

concerned	[kən'sɜ:nd]	another	[ə'nʌðə]
worry	['wʌrɪ]	airport	['eəpɔ:t]
upset	[ʌp'set]	foreign	['fɔrɪn]
healthy	['helθɪ]	control	[kən'trəʊl]

74

1. I'm a bit concerned: *estoy un poco preocupado*.
2. my elder son: *el mayor de mis hijos, mi primogénito*. Al referirse a los miembros de una misma familia se emplea el comparativo cuando solamente hay dos hijos; cuando hay más de dos se utiliza el superlativo: **my eldest son**.
3. *no sé lo que él tiene/ignoro qué es lo que anda mal con él*.
4. *él no se encuentra bien*.
5. *de mal humor*; in a good mood, *de buen humor*.
6. *no deberías preocuparte por eso*.
7. he'll get over it: *él saldrá de eso*.
8. it won't help to...: *no servirá de nada*.
9. *mientras que todos estén en buena salud*.
10. all the same: loc. *de todas formas, a pesar de todo*.
11. *él parece verdaderamente preocupado*.
12. *si tan sólo yo supiera/¡ah! si supiera*: este pasado es una forma análoga al subjuntivo (cf. 17-4).
13. *deja de preocuparte*. Cf. observación 3, UNIT V, p. 27
14. *tenemos todo el tiempo, nos queda mucho tiempo*. Ej. I've got some money left, *me queda algo de dinero*.
15. another twenty minutes: *otros veinte minutos*.
16. lit. *del lado seguro* = *tomar precauciones, ir a lo seguro*.
17. lit. *estar clavado* = *contra la pared, quedar atrapado*.
18. to be in trouble: *tener problemas, estar en apuros*.
19. *está bien para ti*.
20. *no estoy acostumbrado, no tengo el hábito de*... Cuando la expresión **used to** va seguida de un verbo, éste deberá expresarse en la forma terminada en -ing: I'm not used to **travelling** abroad. No se confunda con I **used to**, forma defectiva que expresa un pasado concluido.
21. *no puedo evitar preguntarme si*, I can't help + forma terminada en -ing.
22. *soy dueño de la situación* (lit. *tengo todo bajo control*).
23. no se utiliza el verbo en futuro después de **when** cuando dicho término se utiliza para introducir una oración de tiempo subordinada.

Memorándum gramatical

• such a relief: *un gran alivio*. Obsérvese el lugar que debe ocupar el artículo después de **such** cuando dicho término se utiliza para introducir una exclamación con un sustantivo.

→ no se confunda con **so** el cual hace que la exclamación recaiga sobre el adjetivo: he is so funny! *¡él es tan gracioso!*; they're so nice! *¡ellos son tan amables!*

---

1 - Otras maneras de expresar una inquietud:

to be annoyed about	estar molesto acerca de
to be concerned about/over	estar preocupado por
to be apprehensive about	estar celoso por
to be upset with/about	estar trastornado/turbado, enfada-do por
to be preoccupied about/by	estar preocupado por/acerca de
to view with concern	considerar con interés
to cause (serious) concern	causar seria preocupación
care (sustantivo)	1) preocupación, inquietud
	2) cuidado, atención, precaución
concern (sustantivo)	1) relación, lazo
	2) preocupación, interés
	3) empresa, negocio
worried	preocupado, inquieto
disturbing; disturbing news	inquietante; noticias pertur-badoras

2 - Expresiones comunes en la conversación:

don't you worry about it!	¡no se preocupe por eso!
he's a worry to me	él es una preocupación para mí
I don't care about it!	¡Eso no me importa!
I don't give a damn! (pop.)	¡me importa un comino!
it took a load off my back	eso me quitó un peso de encima
our worries are over	nuestras preocupaciones ter-minaron

3 - Expresiones comunes en la lectura:

to be in a mess, in a cleft stick, in a predicament, in a tight spot, in the doldrums	estar en un lío o caos, en un pre-dicamento, en un grave aprieto

---

To get: cuando este verbo se combina con ciertas palabras o ex-presiones puede adquirir varios significados distintos. Cf. 17.1

to get along with	llevarse bien con alguien
to get over	sobrellevar algo, superar
to get upset	estar consternado, turbado
to get going	empezar, poner(se) en marcha
to get stuck in the traffic	quedar atrapado en el tráfico
to get the next one	tomar el próximo (autobús, taxi...)
to get to the airport	dirigirse al aeropuerto
to have got everything under control	haber puesto todo bajo control

A Escríbase en el tiempo y en la forma apropiada el verbo que aparece entre paréntesis:

1. I wish (to know) what he has in mind.
2. It'll be a relief when (to be) on the plane.
3. We don't need (to leave) now.
4. She did (to seem) worried about something.
5. Stop (to worry) about it.

B Tradúzcase:

1. No te preocupes, tenemos bastante tiempo. No hay necesidad de apresurarse.
2. Siempre es mejor ir a lo seguro. Nunca sabes, podríamos quedar atrapados en el tráfico.
3. No necesitamos partir con veinte minutos de anticipación. No queremos llegar demasiado temprano.
4. De todas formas, me sentiré mejor cuando estemos en el avión.

Memorándum gramatical

• El pretérito tiene valor de subjuntivo: después de expresiones como: I wish, *quisiera, quiero, desearía...*, it's (high) time, *es (ya) tiempo de que...*, no se pone el verbo que sigue en pretérito.

Respuestas

A 1. I wish I <u>knew</u> what he has in mind.
2. It'll be such a relief when <u>we are</u> on the plane.
3. We don't need <u>to leave</u> now.
4. She did <u>seem</u> worried about it.
5. Stop <u>worrying</u> about it.

B 1. Don't worry, we have plenty of time (we've got ages left). There's no need to hurry.
2. It's always better to be on the safe side. You never know, we might get stuck in the traffic.
3. We don't need to leave twenty minutes before. We don't want to arrive too early.
4. All the same, I'll feel better when we are on the plane.

Dislike[1]

Diálogo 1

— You should never[2] have accepted their invitation. We're going to have to[3] listen to that man talking about cars all evening. I just can't stand it[4], I don't know how his wife puts up with him[5]. He's so vulgar[6].

— I know you don't like him, but I don't think he's that bad[7]. Of course, he's not the kind of person I'd like to see everyday. But his wife's the one who[8] gets on my nerves[9].

Diálogo 2

J. = John   P. = Peter

J. — *East-Enders*[10] will be on[11] very soon on the T.V. Do you want to watch it?

P. — Oh no! I can't stand these soap operas[12]. Isn't there anything else[13]?

J. — No. It doesn't matter. We don't have to have the television on[11]. It's just that a lot of people seem to like it. It's very popular. Why do you hate it so much[14]?

P. — Oh, I don't know. There's something about it. It just makes me feel awful[15]. It's so depressing[6], somehow[16].

J. — I see your point[17]. But of course, it's not supposed to be exciting, is it[18]? It's supposed to be a reflection of everyday life[19].

P. — Perhaps that's just what[20] I dislike about it. The fact that's it's always so dreary and trivial[6].

J. — Oh, it's not that bad[7]. A lot of people don't mind[21]. In fact, they get quite worked up about it[22].

P. — It's not so much[14] that they don't mind as[23] that they don't notice. That's why I can't put up with it. It's not just badly made: it's patronizing[24] into the bargain[25].

vulgar	[ˈvʌlgə]	reflection	[rɪˈflekʃn]
nerves	[nɜ:vz]	dreary	[ˈdrɪərɪ]
soap operas	[səʊp ˈɔprəz]	trivial	[ˈtrɪvɪəl]
awful	[ˈɔ:fʊl]	patronizing	[ˈpætrəˈnaɪzɪŋ]

1. dislike (sust. y verbo): *tener aversión por*. To dislike es menos intenso que to hate, *odiar, detestar*.

2. never, *nunca*; obsérvese el lugar que ocupa entre el auxiliar y el verbo principal.

3. será necesario que nosotros, vamos a tener que, va a ser necesario que nosotros..., en esta forma de futuro inmediato, **must** es sustituido por to have to.

4. *simplemente no puedo soportarlo*.

5. *¿cómo lo soporta su mujer?*

6. *es tan vulgar/tan mal educado. Tan o tal* delante de un adjetivo se traducen como *so*.

7. *tan malo como dices*: cf. después it's not that bad.

8. but his wife's the one who...; *pero su mujer es quien...*

9. ...gets on my nerves, *me enoja, me irrita*.

10. East-Enders: *Protagonistas de* East End: novela de la B.B.C. que narra la vida de una familia de un barrio popular.

11. *ya casi es hora de que empiece el programa de East End.* To be on: 1) en los espectáculos ("on stage, on the screen"), *estar en cartelera, estar pasando (una serie televisiva),* to be over: *estar terminada o concluida (una serie televisiva o teatral).* 2) en los aparatos electrodomésticos y del hogar *estar encendido, prendido;* the television's on, *la televisión está encendida.* To be off, *estar apagado, desconectado.* Obsérvese la colocación de **soon**.

12. soap opera: telenovela.

13. *¿no hay nada más?* (interrogación); *otra cosa,* something else (afirmación); *nada más,* nothing else (negación).

14. so much, *tan, tanto, muy.* Se emplea de manera absoluta (después de un verbo).

15. *eso me causa una impresión desagradable.*

16. somehow, *de alguna manera, por alguna razón.*

17. *Ya veo* (su punto de vista, lo que quiere decir).

18. it's not supposed to... is it?, *no se supone que... ¿verdad?*

19. everyday life: *la vida cotidiana/de todos los días.* Everyday es en este caso, adjetivo.

20. *es lo que yo detesto.* Se utiliza what, *lo que,* para introducir una oración relativa que completa that is, *eso es.*

21. *muchos no ponen atención, se burlan.*

22. *se apasionan completamente por eso.*

23. *no es tanto que se burlen, sino que no ponen atención.*

24. condescendiente: to patronize significa también *conciliar a su clientela, ser fiel a una marca, a un proveedor.* A patron, *un cliente fiel, un buen cliente* y también comanditario, "sponsor".

25. into the bargain: *además, por añadidura.*

1 - Otras maneras de expresar sentimientos de disgusto:

to hate, to loathe, to detest	odiar, detestar, aborrecer
to despise, to spurn	despreciar, desdeñar
to disapprove, ~ of	desaprobar, no estar de acuerdo
to give someone a wide berth	evitar a alguien, mantenerse apartado de alguien
to look down upon	menospreciar a alguien
to turn one's nose up at	despreciar, desdeñar
to be turned off by	tener repulsión por algo
to have a prejudice against	tener prejuicio contra
to be prejudiced against	estar prejuiciado contra
to have no heart for	no tener inclinación para
to feel strongly about	tomar un mal partido
to resent	ofenderse por
to take a dislike, to sb, sth	detestar a alguien o a algo
to irritate	irritar, exacerbar
to disturb	molestar, turbar

2 - Otras expresiones:

they hate each other's guts (pop)	no se soportan, no se quieren.
they don't get along (well)	no se llevan muy bien
they can't stand each other	no se pueden soportar el uno al otro
I can't put up with it	no puedo tolerarlo
fuck off! (expresión muy vulgar)	¡lárgate!

3 - Otros sustantivos y adjetivos:

animosity	animosidad
annoyance	molestia, fastidio
contempt, scorn	desprecio, desdén
contemptible, despicable	desdeñable, vil
enmity	enemistad
feud	lucha encarnizada
hate, hatred	odio, aversión
hostility	hostilidad
incompatibility	incompatibilidad
malevolent	malévolo
malignant	maligno, nocivo
malicious	malicioso, vicioso
prejudice	prejuicio

A Introdúzcase el adverbio **never** colocándolo correctamente:

1. A lot of people see it.
2. That's why I didn't watch it.
3. I know you'll like him.
4. You should have accepted their invitation.

B Tradúzcase:

— Tendremos que oírlo hablar de automóviles toda la noche. No sé cómo puedes soportar eso. No deberíamos haber aceptado su invitación.

— ¿Por qué lo detestas a tal punto? No es tan desagradable.

— Me altera los nervios, es todo.

Respuestas

A
1. A lot of people never see it.
2. That's why I never watched it.
3. I know you'll never like him.
4. You should never have accepted their invitation.

B — We're going to have to listen to him talking about cars all evening. I don't know how you can stand it (put up with it). We should never have accepted their invitation.

— Why do you hate him so much? He's not (all) that bad.

— He just gets on my nerves, that's all.

Preposiciones y postposiciones

on (the) television/TV	en (la) televisión/TV
on the grounds of	a causa de, por motivo de
to put up with	soportar
to get along well with	llevarse bien con
to approve of	aprobar, estar de acuerdo
to be all worked up about sth	estar muy emocionado por algo

Diálogo 1

— Can I pay with a traveler's check[2]?
— I'd rather have cash[3] for a small amount like that.
— The problem is I've hardly[4] got anything left[5]. We're leaving this evening and I didn't want to change too much money.
— Do you have a credit card, by any chance[6]?
— Yes, but my husband's got it with him[7] at the moment. Ah, wait a minute, that should be enough[8]. I've got more than I thought[9].

Diálogo 2

A. = shop assistant   B. = Mr Stewart

A. — Can I help you[10], sir?
B. — Yes, please, I'm interested in[11] that pair of shoes you've got on show[12] in the window. Are they on sale[13]? And have you got them in size nine[14]?
A. — Certainly, sir. Would you like to try them on[15]? I'll just go and fetch them[16] if you don't mind waiting[17] a moment.
B. — Thank you. Yes, they feel quite comfortable[18]. How much are they[19]?
A. — Only $19.95,[20] sir.
B. — What do you mean, "only"? It seems rather a lot to me. I wasn't expecting[21] to spend that much[22].
A. — I think you'll find they're very good value[23], sir. They have real leather boots[24].
B. — That only means the soles are real plastic[25]. Are you sure you haven't got anything cheaper[26]?
A. — Not of this quality, sir. They are reduced from $35.
B. — All right. You've convinced me. Do you take credit cards, or would you prefer a check?

check	[tʃek]	comfortable	[ˈkʌmfətəbl]
amount	[əˈmaʊnt]	soles	[səʊlz]
money	[ˈmʌnɪ]	reduced	[rɪˈdjuːst]

1. paying: *el pago:* el inglés prefiere generalmente emplear la forma verbal en lugar del sustantivo (en este caso **payment**).
2. traveller's cheque: forma tradicional, *cheque de viajero*. Note la forma moderna, **travelers' check** o **travelers check**.
3. cash, en este caso *en efectivo, en especie* pero puede convenir al pago de cheques.
4. hardly, *apenas;* hardly anything, *no gran cosa.*
5. I've hardly got anything left, *casi no me queda nada.*
6. *por casualidad. La suerte:* the luck.
7. *lo tiene con él, es él quien lo tiene.*
8. *debería ser suficiente;* that's enough, *basta, es suficiente.*
9. *más de lo que pensaba.* Obsérvese que **than** introduce el 2o. elemento del comparativo, tanto con **more** como con **-er**. (cf. 26).
10. ¿puedo servirle?/¿qué desea usted?
11. *estoy interesado en.../estos zapatos me interesan.* Obsérvese la preposición **in** después de **to be interested**.
12. on show: *en exhibición.*
13. on sale: *en venta, se vende.*
14. in size nine. Número 9 en medidas para zapatos.
15. to try on: *probarse* (un vestido, zapatos, etc.)
16. I'll go and fetch them. *Iré a buscarlos, voy por ellos.* Ver 8.3.
17. *si no le importa esperar.*
18. to feel quite comfortable: *sentir algo cómodo/estar muy bien.*
19. ¿cuánto cuestan?, ¿qué precio tienen?
20. nineteen (dollars) ninety-five. Obsérvese el lugar del símbolo **$** antes de la cifra; también suele escribirse como **US $19.95**.
21. *no contaba con/no esperaba eso.*
22. *gastar tal cantidad, tanto dinero;* obsérvese el empleo de **that much;** también es común encontrar expresiones tales como: **that long/easy,** *tanto tiempo/tan fácil,* etc.
23. *es muy ventajoso/barato/un buen negocio:* Obsérvese también **value for money** *buena, ventajosa, conveniente (una compra).*
24. real leather boots: *botas de piel genuina/legítima.*
25. sole, *suela.*
26. haven't you got anything cheaper?: ¿no tiene algo más barato?

1 - Otras expresiones:

a bargain	una ganga, una oferta
cost	precio, costo (de fabricación, etc.)
fee(s)	honorarios
charge, to charge	cargo, cargar
price list	lista de precios, tarifa
expensive, dear, costly	caro, costoso, de precio elevado
prohibitive/stiff/extortionate prices	precios exorbitantes, excesivos, prohibitivos
a large/hefty sum	una cantidad considerable
priceless	inapreciable, inestimable
cheap	barato; (también) de mala calidad (**shoddy**)
inexpensive	barato, poco costoso
low-cost (adj.), low-priced	de bajo precio, poco costoso
a rip-off	un precio escandaloso, exhorbitante, algo robado, hurtado
to bargain, to haggle	regatear, discutir precio
to negotiate	negociar
cash payment	pago al contado
to pay cash	pagar en efectivo
currency	moneda corriente, dinero en circulación
good value	informe de calidad
to foot the bill	pagar la cuenta, cargar con los gastos
the bill	la factura, la cuenta
to settle the bill	pagar la cuenta
to settle a debt	saldar una deuda
to invoice	facturar
to pay back/to repay	reembolsar
to refund	reembolsar, devolver el dinero
"money back if not satisfied"	su satisfacción o la devolución de su dinero
a refund	un reembolso

2 - Formas de pago:

I.M.O. (international money order)	giro postal internacional
to pay by check	pagar con cheque
to pay in kind	pagar en especies
credit cards	tarjetas de crédito
account (in stores)	cuenta (en almacenes)
charge it to my account	cárguelo a mi cuenta
bad/dud/rubber cheque/check	cheque sin fondos

A Léanse en voz alta las siguientes cantidades:

1. $17.85 $195.33 $27 $1,624.25 $240.9 million

2. 30%   7.5%   0.7%   14.1/2%

B Tradúzcase:

— Yo no esperaba gastar tanto. ¿No tendrá algo más barato?
— No de esta calidad, señor. ¿Quiere probárselos?
— Sí, gracias, parecen muy cómodos. ¿Puedo pagar con cheque de viajero?

Respuestas

A 1. seventeen dollars eighty-five; one hundred and ninety-five dollars thirty-three; twenty-seven dollars; one thousand six hundred and twenty four dollars twenty five; two hundred and forty point nine million dollars.
   2. thirty percent [pə'sent]; seven point five percent; point seven percent; fourteen and a half [ha:f] percent.

B — I didn't expect to spend that much. Haven't you got something cheaper?
   — Not of this quality, sir. Would you like to try them on?
   — Yes, thank you. They feel quite comfortable. Can I pay with a traveler's check?

<table>
<tr><td colspan="2">Algunas expresiones (muy populares):</td></tr>
<tr><td></td><td>US</td></tr>
<tr><td></td><td>a buck = 1 US $ (un dólar)</td></tr>
<tr><td></td><td>a G, a grand = 1 000 (dólares)</td></tr>
<tr><td></td><td>a quarter = 25¢ (moneda)</td></tr>
<tr><td></td><td>a dime = (1 moneda de) 10¢</td></tr>
<tr><td></td><td>a nickel (1 moneda de) 5¢</td></tr>
<tr><td colspan="2">dough (pasta de pan) = bread (pan) = plata, lana, dinero, etc.</td></tr>
</table>

Diálogo 1

— Look, they've put me straight into the top group because I got good results in the tests[1]. But I was just lucky. In fact I think I should be placed in the intermediate group.
— Oh, I don't think their tests are very significant[2]. Or at least, they're not very reliable[3]. But in my case[4], the result was about[5] what I expected. I think the second group is about the right level for me.
— Well in any case, all the groups have exactly the same syllabus[6], whether they're beginners or advanced; so it probably won't make much difference.

Text

There are basically[7] only two kinds of men. We may distinguish between[8] those who like dogs, and those who do their best to put up with[9] them when they have to. But within these two main categories, further distinctions can be made. The class of those who are generally in favor[10] of "man's best friend"[11] can be divided into those who actually[12] own dogs and those who approve of the idea[13], but who would rather like to see someone else did the work[14]. While the other group, those who on the whole[15] rather dislike the animals, can be divided in the same way into those who are merely[16] indifferent, and those who are actually frightened of them. It's not just a personal matter; the question has become a political one, as the perennial[17] debate on the subject of dog licenses[18] will show.

intermediate	[ˌɪntəˈmiːdɪət]	advanced	[ədˈvaːnst]
significant	[sɪgˈnɪfɪkənt]	category	[ˈkætɪgərɪ]
syllabus	[ˈsɪləbəs]	political	[pəˈlɪtɪkl]
distinguish	[dɪˈstɪŋgwɪʃ]	perennial	[pəˈrenɪəl]
reliable	[rɪˈlaɪəbl]	debate	[dɪˈbeɪt]

1. **in the tests** o **at the tests**. Obsérvese el empleo de **to get** (I got good results) con el significado de *obtener*.
2. *significativo, relevante,* corresponde al español *importante,* se emplea para designar un acontecimiento *de gran alcance* por sus consecuencias.
3. **reliable:** *confiable;* **to rely (on):** *tener confianza en, depender de alguien.* Reliability, *confiabilidad.*
4. **case:** [keɪs], con pronunciación de [s] y no de [z].
5. **about:** poco más o menos. Se trata aquí del adverbio y no de la preposición (que introduce a un complemento). Lo mismo sucede en la frase siguiente: **is about the right level**.
6. **syllabus:** *programa de un curso.*
7. **basically:** [ˈbeɪsɪklɪ]; obsérvese la pronunciación , lleva [s] y no [z], cf. **case**.
8. obsérvese el empleo de la preposición **between**. *Debemos distinguir las causas directas e indirectas.* We have to distinguish between direct and indirect causes.
9. **to put up (with):** *tolerar, soportar.*
10. IM: **favor**; IT: **favour**.
11. **man** en el sentido general, genético, se emplea sin artículo. Compárense las oraciones **the history of man**, *la historia del hombre (de la humanidad),* y **the story the man told**; *la historia que el hombre contó* (un individuo determinado).
12. **actually:** falso cognado que significa *en realidad, de hecho; actualmente,* se dice **today, currently**.
13. nótese la diferencia de significado entre **to approve something**, *aprobar* con el sentido de *ratificar* y **to approve of something**, *aprobar,* en el sentido de *considerar como válido, deseable, moralmente justificado,* etc. Compárense las oraciones **the decision was approved by the board**, *la decisión fue aprobada (ratificada) por el consejo* y I don't approve of this decision, *no estoy de acuerdo, tengo objeciones (morales, etc.) con/contra esta decisión.*
14. **I'd rather** = I had rather (I would rather): *yo preferiría* + verbo, va seguido de un verbo en pretérito modal (pretérito con valor de subjuntivo). *Preferiría que partieran mañana,* I'd rather they left tomorrow.
15. **on the whole:** *en general, mirándolo bien.*
16. **merely:** *simplemente, solamente;* **mere** (adj.) *puro* y *simple.*
17. **perennial:** *perenne, perpetuo, permanente.*
18. **license:** los propietarios de perros deben tener una licencia especial.

1 - Verbos que indican división o agrupamiento:

to divide (into), to divide up	dividir (entre), separar
to subdivide	subdividir
to split	fraccionar
to distinguish (between)	distinguir (entre)
to sort, to sort out	seleccionar
to group	agrupar
to put into groups	poner en grupos, asignar en grupos
to lump together	reunir (varios elementos separados)

2 - Verbos que indican clasificación:

to classify	clasificar
to place	situar
to assign	asignar
to rate	estimar, evaluar
to rank	ordenar, arreglar, alinear
to rank first	colocarse en primer lugar
to fall into a category	situarse en una categoría
to belong to a group	pertenecer a un grupo
to be in a same (in a different) league	estar en una misma (en diferente) categoría
to be on a class of one's own	pertenecer a una categoría aparte o independiente
to outdo	superar, vencer
to outstrip	sobrepasar

3 - Unidades y criterios:

a type	un tipo	a class	una clase
a kind	una variedad		una categoría
a sort	un género	a bracket	un grupo
a pattern	un modelo	a standard	una norma
	un tipo		una regla fija
	un ejemplo		una pauta
a unit	una unidad	a criterion	un criterio
a group	un grupo	a yardstick	un patrón,
			un medio de evaluación
a category	una categoría		

4 - Expresiones para afirmar que se llenan ciertos requisitos:

to fulfill the requirements	satisfacer los requisitos, llenar las condiciones
to be eligible (for), to qualify (for)	ser apto para, calificar para

5 - Comparativo genérico:

the larger cities	las grandes ciudades (en oposición a las pequeñas, comparación implícita)
the broader issues	los problemas más vastos
the better educated	los que han recibido mejor educación
the upper class	de la clase alta, aristocrática

6 - Expresiones para designar un cierto nivel:

top, best	principal, mejor
above par	sobre la par, arriba del promedio
below par	bajo la par, insuficiente
excellent	del mejor nivel, excelente

Classification   **Ejercicios**   20-4

Tradúzcase:

1. Ellos me colocaron en el grupo intermedio.
2. Sus tests (pruebas) no son muy confiables.
3. Uno debe distinguir entre dos categorías.
4. Ellos tienen el mismo programa, ya sean principiantes o avanzados.
5. El resultado fue (ha sido) más o menos lo que yo esperaba.
6. Pueden hacerse nuevas distinciones dentro de las dos categorías principales.
7. Me gustaría que alguien más hiciera el trabajo.
8. Hago mi mejor esfuerzo para adaptarme cuando es necesario.

Respuestas

1. They've placed/put me in the intermediate group.
2. Their tests aren't very reliable.
3. One must distinguish between two categories.
4. They have the same syllabus, whether they are beginners or advanced.
5. The result was (has been) about what I expected.
6. Further distinctions can be made within these two main categories.
7. I'd rather someone else did the work.
8. I do my best to put up with it when I have to.

Diálogo 1

— I think we should be[2] much more strict with dangerous drivers.
— I couldn't agree more[3]. In my opinion they should be[2] treated like the killers they are[4]. At the very least[5], someone who's involved in a serious accident should lose his license permanently[6].
— That's just what I feel[7]. I think everyone would go along[8] with that, especially Insurance companies.
— You're right there. They'd certainly be pleased to be able to get rid of[9] that kind of client[10].

Diálogo 2

J. = James   P. = Peter

J. — I think David was wrong not to take[11] that job he was offered[12], don't you?
P. — Oh I agree. I mean, it probably wasn't very well paid, and I suppose he's still hoping for something better[13], but in my opinion, he'll be lucky if anything else turns up[14].
J. — My feelings exactly[15]. I couldn't have put it better myself[16]. After all, you can't afford to be too choosy[17] these days, can you?
P. — You're right there. Not with so many unemployed and everything[18]. There aren't all those many opportunities around[19]. You've got to take what you can get[20].
J. — Yes, that's it. You took the words right out of my mouth[21]. More than likely[22] he'll regret this decision in a week or two.
P. — It may turn out to be the biggest mistake he ever made[23]. In my opinion he needs the experience. I think he's aiming too high[24].

---

dangerous	['deɪndʒərəs]	afford	[ə'fɔːd]
license	['laɪsəns]	unemployed	[ʌnɪm'plɔɪd]
insurance	[ɪn'ʃuərens]	opportunities	[ɔpə'tjuːnɪtɪz]
companies	['kʌmpəniz]	experience	[ɪks'pɪːərɪəns]

1. agreement: *acuerdo*. Ciertos verbos dan origen a un sustantivo añadiendo simplemente -ment: to employ, *emplear* employment, *empleo;* to treat *tratar* treatment, *tratamiento*.
2. *deberíamos ser;* they should lose, *deberían perder,* should indica más que nada una recomendación.
3. *no podría estar más de acuerdo.*
4. *como los asesinos que son.*
5. *por lo menos, lo mínimo.*
6. permanently: *de manera permanente, definitiva*.
7. *es exactamente mi modo de sentir.*
8. *todos estarían de acuerdo con eso;* to go along with sth, *estar de acuerdo con*.
9. to get rid of: *deshacerse de algo o de alguien*.
10. *ese tipo de clientes.* Obsérvese la ausencia del plural en inglés; otro ejemplo: that sort of thing, *ese género de cosas*.
11. *está equivocado al no tomar...*: la forma negativa del infinitivo se forma simplemente anteponiendo la negación not.
12. *este trabajo que se le había propuesto.* La voz pasiva en inglés es el equivalente del se en español; el problema aquí es la construcción de to offer: some people offered him a job, *algunas personas le ofrecieron un empleo.* Todo complemento directo puede volverse sujeto de una voz pasiva: a job was offered to him, o he was offered a job.
13. *él espera aún algo mejor;* como never, still: *siempre, aún,* se colocan entre el sujeto y el verbo o entre el auxiliar y el verbo.
14. *él tendrá suerte si alguna otra cosa se presenta.*
15. *son exactamente mis sentimientos, estoy completamente de acuerdo.*
16. *yo mismo no hubiera podido decirlo mejor;* to put está en la forma negativa adicionada de la contracción del condicional en antepretérito.
17. *no te puedes permitir hacerte del rogar, hacerte de la boca chiquita* (pop.); to afford, *tener los medios*.
18. *no con tal número de desempleados y todo eso;* the unemployed, *los desempleados:* participio pasado sustantivado, no lleva s en plural lo mismo que la mayoría de los adjetivos que se usan como sustantivos: the poor, *los pobres;* the blind, *los ciegos.* Algunas excepciones: the blacks, *los negros,* the whites, *los blancos.*
19. *no hay muchas oportunidades disponibles* (que se presenten).
20. *debes tomar lo que puedas, encontrar (obtener).*
21. *me quitaste la palabra de la boca.*
22. *lo más probable es que lamente su decisión;* likely significa *probable, verosímil.* En español es probable hace necesaria la adopción del presente de subjuntivo, cuyo valor equivale al del futuro.
23. *el más grave error que él haya cometido alguna vez;* ever significa *jamás* en el sentido de *un día, una vez*.
24. *él mira/aspira muy alto.*

1 - Otras maneras de indicar acuerdo:

to back someone up	respaldar a alguien
to be agreeable to/sympathetic with	ser compatible con, estar a favor de
to be willing (to)	estar dispuesto a
to consider/examine/view (favorably)	considerar/examinar contemplar (favorablemente)
to support an idea/a view, a project	apoyar una idea, un proyecto (también financieramente)
accord	convenio (en sentido político)
agreement	acuerdo
assent, consent	asentimiento, anuencia
approval	aprobación
warmly	calurosamente, afectuosamente

2 - Expresiones de nivel culto:

to acquiesce (in)	consentir en, acceder a
to concur	convenir
to endorse a project	sostener, apoyar, un proyecto
to give/lend support to	dar, prestar ayuda, para
to sponsor a project	financiar un proyecto
to underwrite a decision	asegurar, subscribir una decisión
to win approval of	ganar la aprobación de
to obtain the consent of	obtener el consentimiento de

3 - Otras expresiones:

I agree entirely with you	estoy absolutamente de acuerdo con usted
I'm (entirely) with you	estoy (totalmente) con usted
that's how I feel	es lo que yo siento
we are basically in agreement, despite a slight desagreement over the details	estamos básicamente de acuerdo a pesar de una ligera divergencia en los detalles
to be in full agreement under the agreement	estar plenamente de acuerdo con los términos del convenio

4 - Atención:

to agree to do sth	estar de acuerdo en hacer algo
pero:	
to agree to/to accept his doing something	estar de acuerdo/aceptar que él haga algo
to go along with sth	seguir/ir con algo

A Compárese con would, wouldn't, should, shouldn't, could, couldn't:

1. I think we aren't strict enough; they... lose their license.
2. You're right there I... agree more.
3. She... be too choosy if she wants to get a job.
4. She... be so choosy if she really wanted to get a job.

B Tradúzcase:

— Pienso que él se equivocó al no aceptar el trabajo que le habían ofrecido. No hay muchas oportunidades. Es probable que lamente su decisión en una o dos semanas.

— Estoy de acuerdo. Pienso que es el más grande error que él haya cometido. En estos días no te puedes permitir ponerte difícil. Tendrá suerte si alguna otra cosa se presenta.

Respuestas

A 1. should; 2. I couldn't; 3. shouldn't; 4. wouldn't.

B — I think he was wrong not to take the job he was offered. There aren't (all) that many opportunities (around). More than likely he'll regret his decision in a week or two.
— I agree. I think it's the biggest mistake he ever made. You can't afford to be to choosy these days. He'll be lucky if anything else turns up.

Los defectivos

Should y ought to indican una obligación más condicional que must, que es imperativo: **you must pay him back**: *debes reembolsarlo;* should da más bien la opinión o la recomendación de la persona que habla: **you should write to your parents,** (*en mi opinión*) *deberías escribir a tus padres*; ought to es más impersonal: **he ought to tell her,** *él debería decírselo.*

Memorándum: Los ''defectivos'' no tienen todas las formas de conjugación; **must** es una forma única, se utiliza **to have to** o **to have got to** para la conjugación, y de esta manera la obligación estricta se ve atenuada. Para **can** y **could** se emplea **to be able to**; para **may** y **might, to be allowed to.**

Disagreement[1]

Diálogo 1

— My husband says we ought to move out into the suburbs[2] but I don't agree with him. I'd be too far away from my work[3], for one thing[4]. I don't want to have to spend three hours a day on the subway[5]. And in any case, the children won't want[6] to leave all their friends.
— I'm sure he's wrong[7], but you're going to[8] have a hard time getting him to admit it[9]. He can be really stubborn[10] sometimes.

Diálogo 2

P. = Peter   C. = Carol

P. — I don't care what[11] the critics say in the newspapers, I still think that in this country we've got the best television in the world[12]. What do you say?

C. — Oh, I don't agree with you there. That's not my opinion at all. After all, there's always room for improvement[13]. The service we get here isn't perfect by no means[14].

P. — Well of course I'm not saying that the system is perfect. But surely you must admit that the News Service, for instance, is pretty good compared to[15] what you get in some other countries.

C. — I'm not altogether[16] convinced of that. It's true that it's quite good, and that some countries don't even have a proper News Service[17], but that doesn't mean that ours is the best. And in any case, what about the programs? There are too many variety shows and trivial quiz games for my taste[18]. Not to mention the advertisements[19].

P. — Oh, that's not fair[20]! They need the advertising revenue[21] to make the programs in the first place[22]. And they've got to have popular programs so that people will watch. As far as I'm concerned, I still think that some of the cultural programs they do are really good.

---

suburbs	['sʌbɜːbz]	variety	[vəˈraɪətɪ]
stubborn	['stʌbən]	advertisements	[ædˈvɜːtɪsmənts]
improvements	[ɪmˈpruːvmənts]	revenue	['revɪnjuː]
countries	['kʌntrɪz]	cultural	['kʌltʃərəl]

1. disagreement: *desacuerdo* ≠ agreement. El prefijo dis (en español *de[s]-*) es un privativo o forma negativa. (ej: comfort-discomfort; interest-desinterest; like-dislike.

2. *dejar el centro (de la ciudad) para ir a los alrededores;* to move, *moverse, desplazarse, partir, transportarse;* to move in, *tomar posesión de, instalarse en (una casa);* to move out, *mudarse, irse.*

3. *estaré muy lejos de mi trabajo.* Obsérvese la expresión far <u>away</u> from. *Trabajo* se dice también job.

4. *primero, para comenzar, en primer lugar.*

5. *...tener que pasar tres horas al día en un autobús o en el metro.* Obsérvese la expresión <u>in</u> the bus, <u>on</u> the subway; the subway, *el metro, el subterráneo.*

6. *no querrán dejar a todos sus amigos,* se podría haber utilizado don't want to have to leave. Won't = will not, tiene el sentido de *no querer, rechazar.*

7. *estoy seguro de que él está equivocado.*

8. *vas a tener,* going to expresa el futuro inmediato.

9. *... dificultad para que él admita eso.* Obsérvese que to have a hard job, *tener dificultad en,* va seguido de un verbo terminado en la forma -ing.

10. stubborn: *obstinado, terco.*

11. I don't care what... *no me importa lo que.*

12. *the best television <u>in</u> the world: la mejor televisión <u>en</u> el mundo.*

13. *siempre se puede mejorar; lit: siempre hay lugar para el progreso.* To improve, *progresar; mejorar.*

14. by no means: *de ninguna manera, en ninguna forma.*

15. compared to: *comparado a, en comparación con.*

16. altogether: *por completo, absolutamente, totalmente.*

17. *algunos países no tienen ni siquiera un servicio de noticias conveniente.* Don't have: forma negativa con auxiliar de to have (en este caso, poseer); el inglés tradicional dice más bien haven't got. News Service: servicio de informaciones televisadas por la B.B.C. Proper, *conveniente, apropiado, adecuado.*

18. *hay demasiados programas de variedades y juegos televisados para mi gusto.*

19. *sin hablar de la publicidad.* Advertisements, *comerciales, publicidad.* Se abrevia ad(s), USA, o adverts, IT; el verbo es to advertise ['ædvətaɪz].

20. *no es justo, es desleal.* Fair, *rubio, bonito;* lo que es *justo, correcto, leal, conforme a derecho* ≠ unfair: *injusto, desleal, incorrecto, contrario a las reglas (del juego).*

21. *los recursos (provenientes) de la publicidad;* revenue, *ingreso.*

22. in the first place: *en primer lugar.*

1 - Otras maneras de expresar desacuerdo:

to disagree (with)	no estar de acuerdo (con)
to disapprove (of + -ing)	desaprobar, condenar
to question	interrogar, dudar, cuestionar
to argue	discutir, debatir
to object (+ to)	oponerse, tener inconveniente
to take issue with sb	disentir de, discrepar de
to provoke	provocar
to challenge (s.o.'s views)	desafiar, poner en tela de juicio (los puntos de vista de alguien)
not to get along well with	no llevarse bien con alguien, no estar de acuerdo con
to dissent	disentir, desconvenir
to be at variance	estar en desacuerdo con
to reach a stalemate	llegar a un callejón sin salida
to be dead locked	estar estancado
to have conflicting views	tener puntos de vista opuestos, incompatibles

2 - Sustantivos comunes:

break of negotiations	ruptura de negociaciones
clash	conflicto, oposición, combate, discordia, contienda
contention	lucha, disputa
contest	certamen, concurso
controversy	controversia
debate	debate, discusión (cortés)
dissent	desacuerdo, desavenencia
divergence	divergencia, diferencia
feud	lucha encarnizada
quarrel	reyerta, altercado
row [rau]	trifulca, pendencia

3 - Adjetivos importantes:

antagonistic	antagónico, contrario
arguable	disputable
conflicting	conflictivo
controversial	polémico, problemático
debatable	discutible
the alleged...	el supuesto...
the so-called...	el así llamado...
the would-be...	el aspirante, el que pretende ser...

4 - Otras expresiones:

I'm not convinced	no estoy convencido
I disagree; I don't agree	difiero de, no estoy de acuerdo
I'm still not sure	todavía no estoy seguro/convencido
It's not quite what I had in mind	no es exactamente lo que yo quería decir
sure as hell!	sin duda alguna, con toda seguridad
what do you say?	¿y usted qué opina? atención ≠ what did you say?

Disagreement **Ejercicios** 22-4

Tradúzcase:

1. No estoy de acuerdo con usted en eso.
2. No me importa lo que digan los críticos.
3. Todavía pienso que él está equivocado.
4. Hay muchos juegos, sin mencionar la publicidad.
5. No es mi opinión en lo absoluto.
6. Vas a tener mucha dificultad para hacer que lo admita.
7. ¿Vio la televisión anoche?
8. Deberíamos mudarnos a los suburbios (alrededores).

Respuestas

1. I don't agree with you there.
2. I don't care what the critics say.
3. I still think he is wrong.
4. There are too many quiz games, not to mention the advertisements.
5. That's not my opinion at all.
6. You're going to have a hard job getting him/her to admit it.
7. Did you watch (the) TV last night?
8. We ought to move out into the suburbs.

Diálogo 1

B. = Betty   A. = Mr Armstrong

B. — Is it all right if[1] I go to the movies with Bob this evening?

A. — Yes, that'll be all right, as long as[2] you're back home[3] before eleven.

B. — Oh, please, Daddy! Let me stay out[4] a bit longer[5]! The film doesn't start until[6] half past nine[7].

A. — You'll have to ask[8] your mother about that. If she doesn't mind[9], then we'll see.

B. — And you don't mind if[10] we go to a restaurant first, do you? I won't go out again all week[11], I promise.

A. — I should hope not[12].

B. — But I really don't think it's fair[13]. After all, Daniel can go out every night.

A. — That's because he's two years older than you are[14].

Diálogo 2

S. = Mr Stewart   J. = Mrs Jones

S. — Excuse me. Is it all right if I open a window? It's getting a bit stuffy[15] in this compartment.

J. — Please do[16]. Go ahead[17]. I was beginning to feel a bit uncomfortable[18] myself.

S. — Thank you very much. Are you sure that's not too wide[19]? I can always close it again if it gets too draughty[19].

J. — No, that's fine. Don't worry about me. As a matter of fact, I was just going to ask you something. Do you mind if I smoke[10]?

S. — Of course not[20]. Feel free[21]. I'm sorry I can't[22] offer you one at the moment.

J. — Are you sure I'm not disturbing you? You're not trying to give them up[23] or anything, are you[24]?

S. — Not at all. No problem. It's just that I seem to have run out[25], that's all.

J. — Oh, I see. Well in that case, do have one of mine[26].

---

movies	['mu:vis]	uncomfortable	[ʌnˈkʌmftəbl]
compartment	[kəmˈpɑ:tmənt]	draughty	[ˈdrɑ:ftɪ]

1. *¿está bien si...? ¿está de acuerdo si...?*
2. as long as: *siempre y cuando, mientras que.* ¡Atención! *tan pronto cómo,* as soon as.
3. *que regreses.* Obsérvese el empleo del presente después de **as long as,** como después de **when.**
4. *déjame permanecer afuera* (lit).
5. *un poco más;* se encuentra también a little longer (cf. más abajo older).
6. until, *hasta,* pero *no antes* (en forma negativa).
7. half past nine: *las nueve y media;* eleven, *las once horas.*
8. *tendrás que/deberás preguntarle a tu madre;* obsérvese la ausencia de preposición en inglés: to ask sb sth, *preguntar algo a alguien;* ask him, *pregúntale.* **Must,** al tener sólo una forma, utiliza to have to en la conjugación.
9. *si ella no tiene ningún inconveniente.* To mind se emplea rara vez en la forma afirmativa (cf. 10).
10. you don't mind if: *no te molesta si...*
11. *no saldré en toda la semana.*
12. I hope not: *espero que no.*
13. *pienso que es injusto;* fair, *justo, conveniente.*
14. *él es dos años mayor que tú.*
15. a bit stuffy: *un poco sofocante.*
16. please do: *por favor, por favor hazlo;* forma cortés de insistencia.
17. go ahead: *vamos, continúa, prosigue.*
18. to feel uncomfortable: *sentirse a disgusto, incómodo.* Fíjese en la escritura con **m** y en la pronunciación.
19. too wide: *demasiado abierto;* too draughty, *demasiado ventilado; demasiado* antes de un adjetivo se traduce como **too.**
20. *claro que no.* Obsérvese este **not** que responde a la pregunta anterior; cf. Diálogo 1, 11a. línea y observación No. 12: I hope not.
21. feel free, *no tenga inconveniente,* siéntase con libertad.
22. *siento/temo no poder,* lo siento, no puedo...
23. to give them up: *abstenerse de fumar;* to give up, *renunciar, abandonar, cesar, dejar, detener(se).*
24. *¿usted no trata de... verdad?*
25. *parece que me quedé sin (cigarros);* to run out, aquí en infinitivo en pasado = *agotarse, acabarse* (existencias).
26. *tome uno de los míos;* forma de insistencia con **do.** To have, aquí, *tomar, consumir,* etc.

1 - Otras formas de pedir permiso:

to allow	permitir, conceder
to authorize	autorizar (oficialmente), habilitar
to ask for permission	pedir permiso
to ask permission to do sth	pedir permiso para hacer algo
to let	dejar hacer, permitir

2 - Expresiones de nivel culto:

full permission	permiso ilimitado
to grant a request	satisfacer una solicitud
to grant permission (to)	dar permiso
permission granted	permiso concedido
to seek permission	tratar de obtener permiso
to permit	tolerar, consentir
unlimited power (to)	poder ilimitado (para)
leave (nom)	permiso (en sentido militar), autorización

3 - Expresiones de nivel popular:

to give the green light	
to give the go-ahead	dar luz verde
OK	de acuerdo, está bien
to OK a deal	autorizar una transacción

4 - Otras expresiones:

as you wish, as you like (it)	como usted lo desee, como usted guste
feel free (to)...	no tenga reparo en...
to give sb a free hand...	dar plenos poderes para...
help yourself	sírvase usted
if you feel like it	si eso le agrada, le apetece
make yourself at home	siéntase como en su casa, póngase cómodo
no problem	no hay (ningún) problema
not at all!	nada, de ningún modo
please suit yourself	haga como quiera
would you object to	ve usted algún inconveniente
have any objection to (+ -ing)	tiene usted alguna objeción en
I won't take no for an answer	no aceptaré una respuesta negativa
there are no buts about it	no hay pero que valga
I see no objection	no veo objeción alguna
that's all right	no es nada, está bien
that's fine with me	está bien para mí

Tradúzcase:
1. ¿Le molestaría si abro/que abriera la ventana? ¿Está bien si abro la ventana?
2. ¿Podríamos quedarnos un poco más (de tiempo)?
3. Pregúntale a tu madre.
4. Ella es tres años mayor que tú.
5. ¡Vamos!
6. Si no tiene más cigarros, tome uno de los míos.

Respuestas

1. Do [would] you mind if I open[ed] (my opening) the window? Is it all right if I open the window?
2. May we/Can we stay a bit longer?
3. Ask your mother.
4. She's three years older than you (are).
5. Go ahead!
6. If you've run out of cigarettes, have one of mine.

Would you mind + -ing?
La pregunta "**Would you mind doing this or that?**" es generalmente una orden disfrazada o cortés. Esta forma debe distinguirse de "**Would you mind if I did this or that**" o "**Do you mind if I do this or that?**", preguntas corteses o solicitudes más formales. "**Would you object to my doing this or that**" o "**Would you object if I did this or that?**"
MAY y CAN
Tradicionalmente **MAY** está reservado para pedir permiso. **CAN** para la posibilidad o capacidad de hacer las cosas. Dicho esto, la diferencia entre **Can I?** y **May I?** se distingue cada vez menos. Actualmente los jóvenes dicen más bien: "**Mummy, can I go out tonight?**", la respuesta: "**You can, but you may not**" se ha vuelto rara.

Memorándum
As long as, *en tanto que*, significa también *desde el momento en que, mientras que;* introduce en la frase una restricción o una condición:

    As long as you keep calling every day...

    Siempre y cuando usted siga llamando (por teléfono) todos los días.

Diálogo 1

— Do you think you could type this out for me[1], please?
— I'm afraid not, I haven't got time. I've got to go[2] to the post office before it closes.
— Couldn't you do it later on[3], then, after dinner?
— Oh, why can't you wait until tomorrow?
— Because it has to be ready for the meeting, first thing in the morning[4].
— Why do you always do everything at the last minute? You know perfectly well that I've got other things to do on a Thursday night[5]. I'm sorry, but this time the answer's no[6]. You should have thought about it before[7].

Diálogo 2

B. = Mr Baker   P. = Mrs Parkinson

B. — Would you care for[8] a cigarette?
P. — No, thank you. I don't smoke.
B. — Oh, you've given up[9], haven't you[10]? I hope you don't mind if I have one[11]?
P. — I'd rather you didn't[12], as a matter of fact. In any case, you do realize[13] this is a non-smoking compartment[14]?
B. — Oh, that's all right. The inspector's already been to check the tickets[15]. I don't think he'll be coming again[16].
P. — I'm aware of that[17]. But I'd still prefer you not to smoke[18], if you don't mind. It would disturb me. I hope I've made myself clear[19].
B. — But of course I wouldn't dream of disturbing you[20]. If you prefer I could open a window.
P. — No! Please don't. I've already asked you more than once[21]. How many more times do I have to tell you[22]?

refusals	[rɪˈfjuːzəlz]	post office	[pəustˈɔfɪs]
type	[taɪp]	aware	[əˈweə]
care	[keə]	prefer	[prɪfɜː]
compartment	[kəmˈpaːtmənt]	disturb	[dɪsˈtɜːb]

1. *¿piensa que podría pasarme esto a máquina?* to type, *escribir a máquina;* a typewriter, *una máquina de escribir;* a typist, *una mecanógrafa;* a word-processor, *un procesador de palabras o de textos.*

2. I've got to go to..., *tengo que ir a, es necesario que yo vaya a...,* en este caso = I have to, I must.

3. *¿No podría usted hacerlo más tarde?* Obsérvese la función de **on,** que refuerza a **later.**

4. *al empezar la mañana* (lit. *la primera cosa de la mañana*).

5. *tengo otra(s) cosa(s) que hacer el jueves por la noche* (se podría usar **on** Thursday nights).

6. *esta vez la respuesta es no.*

7. *usted debió haber pensado en eso antes;* you should have thought es la forma pretérita de you should think, *tú deberías pensar.*

8. *¿le caería bien un cigarro?* To care for 1) *gustar* 2) *cuidar* (de un anciano, un inválido).

9. to give up: *renunciar a, dejar de, abandonar, detenerse.*

10. *usted ha dejado de fumar, ¿verdad?* La estructura **have you** que encontramos aquí no requiere de una confirmación, pero expresa la certeza del que ha, o cree haber comprendido.

11. *¿no le molesta si (yo) fumo uno?*

12. *preferiría que no, desearía que usted se abstuviera;* sobrentendido: *(*you didn't*)* smoke.

13. *seguramente usted se da cuenta, usted seguramente sabe que...:* forma de insistencia con el auxiliar **do.**

14. *éste es un compartimiento de no fumadores;* ésta es la sección de no fumar.

15. *el inspector ya pasó a verificar los boletos.* Obsérvese la expresión **has been** en lugar de **has come,** que se utiliza en la siguiente frase.

16. *no pienso que (él) regrese* (lit. *no me inclinaría a pensar*) que *(él) regresará.*

17. *me doy cuenta perfectamente, estoy muy consciente de eso.*

18. *cuando menos me gustaría que usted no fumara;* obsérvese la proposición infinitiva después de **I'd still prefer.**

19. *espero que (yo) me haya dado a entender.*

20. *lamentaría mucho molestarlo* (lit. *no soñaría molestarlo*).

21. *ya se lo he pedido más de una vez;* more than once, *más de una vez;* once more, *una vez más.* Once, *una vez;* twice, *dos veces;* three, four, five, (etc.) times, *tres, cuatro, cinco,* (etc.) *veces* cf. 22.

22. *¿cuántas veces más tengo que decírselo?*

1 - Otras maneras de expresar un rechazo:

''hedged refusals''	rechazo atenuado, cortés.
I'm afraid (that)	me temo que
..., I'm afraid	lamento que

fórmula cortés que se usa comúnmente para anunciar un rechazo, una imposibilidad, un impedimento.

I'm afraid not	respuesta un poco más seca: ''temo que no''
a flat refusal, a flat no	un rechazo total, un rotundo no
to give a blunt refusal	dar una negativa contundente
a (to) rebuff (s. y v.)	rechazo brusco y cruel; desairar
to decline (an invitation)	declinar (una invitación)
to deny (a fact, right, explanation)	negar, (un hecho, un derecho, una explicación)
to dismiss (an idea, a proposition)	desechar (una idea, una proposición)
to refuse (permission)	rechazar (el permiso)
→ ¡Atención! refuse [ˈrefjuːs] (n.)	basura, desechos = garbage [ˈgɑːbɪdʒ]
to spurn (an offer)	desdeñar (una oferta)
to turn down (an offer)	rehusar (una oferta)
to shake one's head ≠ to nod agreement/acceptance	rechazar con movimiento de cabeza ≠ aceptar meneando la cabeza, acuerdo/aceptación
bluntly	bruscamente
curtly	lacónicamente, fríamente
flatly	categóricamente, rotundamente

2 - Expresiones comunes en la lectura:

we regret very much to inform you that...	lamentamos mucho hacerle saber que...
we are sorry to let you know that...	sentimos mucho informarle que...
much as I would like to...	tanto como me gustaría...
unfortunately we are not in a position to...	desafortunadamente no estamos en posibilidad de...
to rule out, to preclude	excluir, descartar, impedir

3 - Expresiones populares:

forget it! (pop.)	¡olvídalo!
no way! (US pop.)	¡no hay solución!
nothing doing! (pop.)	¡ni en broma!
not likely!	¡no cuente con eso!

4 - Otras expresiones:

certainly not	seguramente que no
I'll do no such thing	no haré tal cosa
it's out of the question	es imposible, inaceptable
the answer is no	la respuesta es no
so that's that	¡así es pues! ¡no hay nada que hacer!
on no account	en ningún caso
the answer is no, period	la respuesta es no, punto
I won't take no for an answer	el asunto no se quedará así (cf. lección 20); *lit: no aceptaré un no como respuesta.*

Ejercicios

A Conviértanse las siguientes expresiones en preguntas empezando por **why**:

1. I can't wait until tomorrow.
2. He always does things at the last minute.
3. I've got to go to the Post Office.
4. She won't be coming again.

B Tradúzcase:

1. Esta vez la respuesta es no.
2. ¿Me he hecho comprender bien?
3. No tengo tiempo.
4. Deberías haber pensado en eso antes.
5. Me gustaría que no fumaras. Preferiría que no fumes.
6. ¿Cuántas veces tengo que decírtelo?
7. ¿Por qué siempre haces las cosas en el último minuto?

Respuestas

A 1. Why can't you wait until tomorrow?
2. Why does he always do things at the last minute?
3. Why have you got to go to the Post Office? Why do you have to go to the Post Office?
4. Why won't she be coming again?

B 1. This time the answer is no.
2. Have I made myself clear?
3. I haven't got time. I don't have time.
4. You should have thought about it before.
5. I'd rather you didn't smoke. I'd prefer you not to smoke.
6. How many more times do I have to tell you?
7. Why do you always do things at the last minute?

Diálogo 1

— Philip is ever so[1] disappointed about the trip being cancelled[2].
— Well, of course, we're just as sorry about it as he is[3]. But do remember[4] to tell him that it has only been postponed, not cancelled. There's absolutely no question of giving up altogether[5].
— Do you think we could fix[6] a new date for it straight away? I'm sure that would cheer him up[7].
— I'll ask Jenny to telephone him, to see if we can arrange something[8].
— Oh, good. If anyone can encourage him, she's the one[9].
— As a matter of fact we're lucky we didn't go this week. The weather's turned out very badly[10].

Diálogo 2

B. = Bill   J. = Jim

B. — How did you enjoy your night out at the theatre last week[11], Jim?
J. — It didn't go too well, actually[12]. We arrived late and, they didn't let us in[13] immediately, in case we disturbed people near us in the audience[14]. So I'm afraid we missed the beginning.
B. — That's a shame. Still[15], they do warn you about that on the tickets.
J. — Yes, that's what they kept telling me[16]. Latecomers will not be admitted until a suitable break in the performance[17]. I suppose I'll know better next time[18].
B. — That's right. Put it down to experience[19]. But what happened anyway? Why were you late?
J. — That's just the trouble. It was all my fault. I didn't realize there'd be so much traffic on the road. Carol was quite cross with me about it[20], I don't mind telling you[21].
B. — Oh, there's no use worrying about it[22] now. She knows everyone makes mistakes[23].
J. — Yes, but she still blames me[24]. Ah well, I suppose it could have been worse. At least[25] they weren't expensive tickets.

---

disappointment	[dɪsə'pɔɪntmənt]	suitable	['sjuːtəbl]
disappointed	[dɪzə'pɔɪntɪd]	experience	[ɪks'pɪːərɪəns]
altogether	[ɔːltə'geðə]	reassure	[riːə'ʃuːə]

1. *Philip está absolutamente decepcionado:* so, *tan, tanto;* ever so, *verdaderamente, absolutamente,* etc. reforzamiento adverbial.
2. *por la cancelación del viaje.*
3. *estamos tan decepcionados como él;* as + adj + as..., *tanto como, tan como,* etc. Obsérvese el pronombre personal he.
4. *pero recuerda decirle que.*
5. *no hay razón para desistir del todo.* Fíjese en el verbo terminado en -ing después de una preposición (of).
6. *¿podemos fijar una nueva fecha inmediatamente?*
7. *estoy seguro que eso lo reanimará.* To cheer up: *alegrar, reanimar.*
8. *para ver si podemos arreglar alguna cosa.*
9. *si alguien puede ayudarle,* (levantarle la moral) *es ella.*
10. *el tiempo se volvió pésimo.* To turn out, *tornarse, volverse.*
11. *¿te gustó la ida al teatro la semana pasada?* (lit: *cómo te gustó...*)
12. actually: *verdaderamente, a decir verdad. Actualmente,* now, at the moment.
13. *ellos no le permitieron entrar.*
14. pasado figurativo, se trata en realidad de una hipótesis: *en caso de que molestásemos a nuestros vecinos...*
15. *still:* (en este caso adverbio) *y sin embargo, en todo caso.*
16. *es lo que (ellos) no cesaron de decirme,* they remite a "ellos, de ellos, los acomodadores, la dirección", etc; a menudo se sustituye por "se", cf. 13.
17. *a los que lleguen tarde no se les permitirá entrar sino hasta el primer intermedio.* Performance: 1) *realización, desenvolvimiento, hazaña;* 2) *interpretación* (mus.), *representación, espectáculo, actuación,* To perform: 1) *cumplir, llevar a cabo;* 2) *ejecutar* (mus.), *interpretar.*
18. lit: *(yo) sabré mejor para la próxima vez* = *no me sucederá la próxima vez.*
19. lit: *úselo como experiencia* = *la próxima vez será mejor, así es como se aprende,* etc. Down: cf. write it down, *anótelo, apúntelo.*
20. *Carol estaba un tanto enojada conmigo a este respecto.* To be cross (angry) with sb (pop.), *estar molesto, enojado con alguien.*
21. *puedo decírtelo. No me molesta decírtelo,* etc.
22. *no vale la pena preocuparse por eso.*
23. *todos pueden equivocarse* (lit: *cualquiera hace/comete errores*). To make y no to do.
24. *sí, pero ella todavía me culpa.* To blame, *culpar, reprochar.*
25. *en todo caso, al menos, de todas maneras/formas.*

1 - Vocabulario de apoyo:

to deceive	engañar, embaucar
deception	decepción, engaño
distress	aflicción, congoja, angustia
to disillusion	desilusionar, desencantar
to feel/be sorry for sb	compadecerse de
to comfort, to console	confortar, consolar
to express regret	expresar lástima, arrepentimiento
fool's paradise	felicidad engañosa
to abort	abortar, fracasar (fig.)
to sink/founder (fig.)	arruinar(se), desplomarse, irse a tierra
to misfire	no encender, fallar el encendido
to cheer up, to buck up	alegrar(se), animar(se)

2 - Otras expresiones:

he failed us	él nos falló
I felt ashamed for him	me sentí avergonzado por él
It's a shame	es una lástima
what a shame!	¡qué pena!
what a pity!	¡qué lástima!
it's disgraceful	es vergonzoso
it'll come to a bad end	eso terminará mal/llegará a un mal término
don't lay the blame at his door	no le eche la culpa
it gave me a shock	eso me causó conmoción
it came to nothing	se redujo a nada, se frustró
keep a stiff upper lip!	muéstrese firme/con tesón (en la adversidad)
to have a good cry	desahogarse llorando
what's done cannot be undone	lo que está hecho, hecho está
I'm glad it's over	estoy feliz de que eso haya acabado
tomorrow will be another day	mañana será otro día
no point in worrying	no servirá de nada preocuparse
to be none the better for it	no sentirse beneficiado en nada
to lose one's morale	perder espíritu, desmoralizarse

3 - Construcciones:

I was disappointed <u>by</u> his attitude/behavior	quedé decepcionado por su actitud
I was disappointed <u>in</u> him	quedé desilusionado de él
I was disappointed <u>at</u> what he has done	quedé decepcionado de lo que ha hecho

A Complétese con una de las dos opciones que se ofrecen:

1. We missed the beginning, because they didn't
   let us... immediately. a) into b) in
2. I don't mind... you. a) to tell b) telling
3. There's no use... about it. a) worrying b) to worry
4. We'll go to the (theater)... week. a) the next b) next
5. Everyone... mistakes. a) makes b) does

B Tradúzcase:

1. No hay razón absoluta para renunciar (a eso).
2. Si alguien lo puede tranquilizar, es ella.
3. Estamos tan desconsolados como tú.
4. La próxima vez no cometeré el mismo error.
5. Preocuparse no sirve de nada.
6. Podría haber sido peor.

Respuestas

A 1. in: falta una postposición, *into* es una preposición
   2. telling: I don't mind + forma terminada en -ing
   3. worrying: there's no use + forma terminada en -ing
   4. next: el artículo no se utiliza cuando se habla de *pró-xima, siguiente*
   5. makes: recuerda la fórmula: to make a mistake

B 1. There's absolutely no question of giving up.
   2. If anyone can reassure him, she's the one.
   3. We're just as sorry about it as you are.
   4. I'll know better next time (I won't make the same mistake again).
   5. There's no use in worrying.
   6. It could/might have been worse.

---

1) *pretérito modal:* in case we disturbed: equivalente en inglés al subjuntivo. Cf: it's time we went, *es tiempo de que.*
2) quite: a) = fairly, *más bien, suficiente, relativamente* = he was quite hungry.
   b) = entirely: *completamente,* quite dead, quite finished.

Diálogo 1

— I'm just calling to say there's no need to worry[1]. We've found the keys.
— Oh, what a relief[2]! I was really beginning to panic. Yes, that's really good news[3]. Where were they?
— Bob had put them in the beach bag.
— Oh. Wéll, that's all right, then. I'm just glad it wasn't all my fault[4]. I was sure I hadn't forgotten to give them back[5]. Thanks ever so much for calling[6]. I feel a lot better[7] about it now.

Diálogo 2

J. = James   P. = Peter

J. — Oh, by the way, I've been meaning to ask you[8]. How did you get on[9] at your interview the other day?
P. — Well, I don't know if they're going to offer me the job, but I think I made a good impression. At least, let's say[10] it could have been worse[11].
J. — Good. I'm glad about that. You must be feeling quite relieved[12] about it.
P. — Yes, I suppose I am[13], really. It's strange how nervous you can get[14] about these things. In the event[15] I may have been a bit lucky with[16] some of the questions they asked me, but I must admit I was quite pleased with the way it turned out[17]. The only thing is, they still haven't finished interviewing[18] all the candidates, so they couldn't give me a definitive answer.
J. — But whatever happens, you haven't done too badly. That's the main thing.
P. — Yes, at least I didn't make a fool of myself[19] or do anything embarrassing. As I say, it went very well on the whole[20]. I've done what I can, and there's no point worrying[21] about the results now. We'll just have to wait and see[22].

relief	[rɪ'liːf]	relieved	[rɪ'liːvd]
fault	[fɔːlt]	candidates	['kændɪdɪts]
impression	[ɪm'preʃn]	embarrassing	[ɪm'bærəsɪŋ]
nervous	['nɜːvəs]	whole	[həʊl]

1. *no hay por qué preocuparse.*
2. *¡qué alivio!* La exclamación del sustantivo se hace con **what** + algunas veces el artículo **a** o **an**; otro ejemplo: **what a fool!** *¡qué imbécil/idiota!*
3. *¡ésas son muy buenas noticias!* **News** es singular, y por lo tanto va acompañado de un verbo en singular; *una noticia,* **a piece of news**.
4. *estoy contenta de que (eso) no haya sido completamente mi culpa.*
5. *no había olvidado devolverlas:* obsérvese la construcción del antecopretérito con **had** + p.p. del verbo conjugado.
6. *mil gracias por haber llamado;* forma en -ing después de **for**.
7. **to feel good/better about,** *sentirse bien/mejor acerca de:* **To feel bad/worse,** *sentirse mal, peor.*
8. **I've been meaning to ask you:** *he tenido ganas de preguntarle;* en este caso **to mean** significa *tener la intención de,* y puede ponerse en la forma terminada en -ing (imposible con **to mean** cuando equivale a *significar*).
9. **to get on:** (aquí) *arreglárselas; (***with sb**) *congeniar con, llevarse bien, (con alguien).*
10. **let's (let us) say (that):** *digamos que.*
11. *(eso) hubiera podido ser peor; eso podría ser peor:* **it could be worse.** La anterioridad está marcada sobre el verbo **to be, can** no tiene más que dos formas.
12. *¡debes sentirte muy aliviado! **Must** = casi con certeza.*
13. *yo supongo (que sí);* se vuelve a tomar la proposición anterior por el auxiliar **I am**.
14. *es extraño cómo/hasta qué punto podemos ponernos nerviosos.*
15. **in the event:** *en este caso.*
16. quizás he tenido suerte con las preguntas: lit: *yo pude haber sido...* (cf. 11).
17. **the way it turned out;** *la manera como(eso) terminó/pasó.*
18. *(ellos) no han terminado todavía las entrevistas;* forma terminada en -ing después de **to finish**.
19. *al menos no hice el ridículo;* lit: *yo no hice un idiota de mí mismo.*
20. **on the whole:** *en general, globalmente, en conjunto.*
21. *no vale la pena preocuparse.* **There's no point** + -ing.
22. *no haré más que esperar y ver.* **Wait and see** puede traducirse algunas veces por *¡paciencia!*

Memorándum

Comparativos y superlativos irregulares: **good-better-the best,** *bueno, mejor, óptimo;* **bad-worse-the worst,** *mal-peor-pésimo.*

---

1 - Otras maneras de expresar alivio:

to be relieved	estar aliviado/mostrar alivio
to comfort	1. consolar, aliviar
	2. confortar
to take comfort from	encontrar solaz/alivio en
to feel relieved/reassured	sentirse aliviado/tranquilo
to cheer	1 alegrar, alentar
	2. aclamar, vitorear
cheer up	¡ánimo! ¡valor!
to ease	dar alivio
to alleviate	aligerar, mitigar
to soothe	calmar, apaciguar, tranquilizar
to breathe again	cobrar aliento
to breathe more freely	respirar más libremente
to heave a sigh of relief	dar un suspiro de alivio
to draw a long breath	lanzar un largo suspiro

2 - Exclamaciones que expresan alivio o consuelo:

I'm glad/pleased to hear it	estoy contento de escuchar eso
he got off lightly	salió bien librado
that was cold comfort	fue un consuelo muy seco/frío.
that was pretty close	¡estuvo muy cerca!
that was a narrow escape	
that was a close shave	nos salvamos por un pelito (pop.)
it was a hair breadth escape	
I can't believe my luck	no puedo creer en mi suerte
I can hardly believe it	difícilmente puedo creerlo
got to thank my lucky stars	gracias a mi buena estrella
what a stroke of luck	qué golpe de suerte
it takes off a load of care	eso me quitó un gran peso
I've seen (much) worse	he visto mucho peor (pop.)

3 - Sustantivos importantes:

comfort	alivio, consuelo
relief party/crew	equipo de socorro
relief operation	operación de salvamento
solace (lit.)	desahogo, solaz

A Extráiganse de los diálogos las expresiones que indican:
a) alivio b) satisfacción.

B Tradúzcase:

1. Yo empezaba a tener pánico.
2. No hay por qué preocuparse.
3. ¡Qué alivio!
4. Eso pudo haber sido peor.
5. No lo he hecho/hice tan mal.
6. Eso es lo principal (eso es el punto principal)
7. En general/en conjunto estuvo bien.
8. Estaba seguro(a) de que no me había olvidado.
9. Es una pregunta que (yo) quería hacerle desde hace mucho tiempo.

Respuestas

A a) What a relief! That's all right then. I'm glad it wasn't all my
fault. I feel a lot better about it. It could have been worse. You
must be feeling quite relieved about it.

b) That's really good news. I think I made quite a good impression. I'm glad about that. I was quite pleased with the way it
turned out. That's the main thing. At least I didn't make a fool
of myself. It went very well on the whole.

B 1. I was beginning to panic.
2. There's no need to worry.
3. What a relief!
4. It could (might) have been worse.
5. I haven't done too badly.
6. That's the main thing (point).
7. It went very well on the whole.
8. I was sure I hadn't forgotten.
9. It's a question I've been meaning to ask you for a long time.

Diálogo 1

— Look[1], I know it's not for me to tell you what to do, but for what it's worth[2], I really think you should see a doctor about that cough[3].
— Don't you think I'm old enough to make up my own mind[4] about that, thank you I know what I'm doing.
— Listen, of course you'll do what you think is best, but in my opinion, I think you may be wrong. Remember, I delayed going to the doctor about my knee[5], and that's why it took so long to get better.
— Oh, I know you mean well[6], and you're only trying to help, but I'd really prefer to make my own decisions, all right?

Diálogo 2

B. = Mr Baker   J. = Mr Jones

B. — Hello, you do look worried. What's the problem?
J. — I don't know what to do. It's that I told the boss[7] I'd put in an appearance[8] at his reception at lunch-time, and help show[9] his visitors round[10]. But now I'm worried about finishing my report in time for the meeting later on[11].
B. — Hmm! That's a tricky one[12]! Obviously, he won't be too pleased if you tell him you haven't got time to meet his guests, especially after you've already agreed to look after[13] them for him. He may be counting on you. But, on the other hand, I wouldn't like to be in your shoes[14] if you can't present your report at the meeting. You can't win[15].
J. — The question is, what should I do about it?
B. — Well, if I were you[16], I'd do my best[17] to get the work done in time. That's the only satisfactory solution as far as I can see.
J. — But I can't just keep working and hope for the best. That'll only make it worse. What if[18] I have to announce at the last minute that I'm going to have to let him down[19] about the reception?
B. — I think that's a risk you're going to have to take. And remember, the longer you spend thinking about it, the more difficult you're making it for yourself[20].

worth	[wɜ:θ]	visitors	['vɪzɪtəz]
cough	[kɔf]	later on	['leɪtərɒn]
knee	[ni:]	obviously	['ɒbvɪəslɪ]

1. look! se utiliza para llamar la atención; corresponde en español a ¡mira! ¡fíjate! ¡oye!
2. for what it's worth: lit. *por lo que eso vale/es digno*.
3. cough: *tos;* to cough, *toser;* su pronunciación [kɔf].
4. *decidir por mí mismo;* make up your own mind! *¡decídete/decídase/decídanse!*
5. *(yo) pospuse mi visita con el médico por mi rodilla,* to delay, *retrasar, retardar,* el verbo que le sigue está en la forma terminada en -ing.
6. *(yo) sé que me lo dices por mi bien;* to mean: 1) *significar, querer decir;* 2) *tener la intención de, proyectar algo;* to mean well, *querer el bien de alguien.*
7. boss (pop.): *patrón, jefe; jefe de departamento,* department head/manager.
8. *yo le dije que haría acto de presencia;* tu put in an appearance, *hacer acto de presencia, aparecer,* I'd put in = I would put in.
9. and help show: *para ayudarle a;* to help en inglés moderno va seguido del infinitivo sin to: help me do it!, *¡ayúdame a hacerlo!*
10. show his visitors round: *hacer un recorrido con los visitantes* [lit. *para mostrar a los visitantes (todos) los alrededores*]; to show sb round, *hacer visitar algo o a alguien, mandar a hacer una visita.*
11. later on: *más tarde;* obsérvese la anexión de on, con frecuencia después de later al final de la frase; earlier on, *previamente/anteriormente.*
12. *nada fácil, eso no es evidente, es una situación delicada;* tricky: 1) *mañoso;* 2) *delicado, intrincado;* de trick, *astuto.*
13. to look after sb, sth; *ocuparse de/atender a algo.*
14. *no me gustaría estar en tu lugar;* to put oneself in another's shoes, *ponerse en lugar de alguien.*
15. *de todos modos sales perdiendo* (lit: *tú no puedes ganar*).
16. *si yo estuviera en tu lugar;* fíjese en la forma del subjuntivo were, utilizado en todas las personas; en el lenguaje popular encontramos a menudo: if I was.
17. *haré lo mejor que pueda;* I'd = I would.
18. *y si...; ¿y qué pasaría si...?*
19. *que (yo) voy a tener que olvidarlo;* to let down, *olvidar, dejar de lado,* pero también *decepcionar, fallarle a alguien.*
20. *mientras más reflexionas más te complicas la vida* (lit.: *mientras más tiempo pasas en reflexionar, más difícil lo vuelves*); the longer..., the more difficult... es un doble comparativo que se traduce generalmente por: *mientras más... más...* cf. the sooner, the better, *mientras más pronto mejor.*

1 - Otras formas de aconsejar:

to advise	aconsejar
to give advice	dar (un) consejo(s)
to suggest	sugerir
to counsel	guiar, asesorar
to recommend	recomendar, proponer, sugerir algo
to advocate	abogar por, amparar
to tip off	prevenir, hablar secretamente
to prompt	soplar (en exámenes), apuntar (en teatro)
a word of advice	una palabra de consejo, opinión
sound advice	consejo acertado
words of wisdom	palabras de sabiduría
wise counsel	consejero juicioso, prudente, sensato
a wise guy (fam)	un tipo listo, alguien que presume de viveza, experiencia

2 - Consejo, opinión:

Como information, *informes, información,* advice es un colectivo singular: his advice is always excellent, *su(s) consejo(s) siempre es/son excelente(s).*

Un consejo: a piece of advice; de hecho, advice, según el contexto, se traducirá por singular o plural:

I'm looking for advice, *estoy buscando (un) consejo/consejos.*

Atención, consejo, en el sentido de: asamblea council; con el significado de *consejero:* a councillor, an adviser. (US advisor), a counsel.

Atención: al español: *advertencia* opinión: *en mi opinión,* in my opinion, to my mind, to me, from my point of view.

Obsérvese: to seek advice from sb, *buscar el consejo de alguien, pedir consejo a alguien;* to take someone's advice, *seguir el consejo de alguien.*

3 - To advise [əd'vaɪz] *1) aconsejar, 2) informar, advertir* (= to notify):
Atención: to warn, *advertir, prevenir,* implica frecuentemente una amenaza. To advise someone against something, *prevenir a alguien de algo;* well-advised: 1) *juicioso* 2) *oportuno, acertado;* ill-advised: 1) *imprudente* 2) *malaconsejado:* you'd be well-advised to listen to him, *sería juicioso/prudente escucharlo.* Adviser (US advisor), *consejero;* legal adviser, *asesor jurídico;* presidential aid (US), *consejero presidencial. Advisable* [əd'vaɪzəbl] , *juicioso, oportuno, conveniente, prudente.* Advisory [əd'vaɪzərɪ] , *consultivo:* advisory body, *organismo consultivo.*

4 - Otras expresiones:

to need someone's advice	necesitar el(los) consejo(s) de alguien
take his opinion into account	tomar en cuenta su opinión
in my opinion	en mi opinión/punto de vista
if you'll take my advice	si quiere (usted) seguir mi consejo
if I were you/in your shoes/in your place	si yo fuera usted, si estuviera en sus zapatos, en su lugar
take a tip	siga la pista/el aviso confidencial
to give someone a clue	dar una pista, una señal a alguien

Ejercicios

A Distíngase en cada inciso la palabra en donde el sonido "o" no sea el mismo que en las otras tres:

1. worse, work, worth, done.
2. problem, only, boss, wrong.
3. worry, doing, one, other.

B Tradúzcase:

1. No me toca a mí decirle lo que hay que hacer.
2. Estoy bastante grande para tomar mis decisiones.
3. Ése es un riesgo que usted tendrá que correr (tomar).
4. Haga lo mejor/lo que piense que es mejor.
5. Esperemos que todo vaya bien/sea mejor.
6. No me gustaría estar en su lugar/en sus zapatos.
7. Eso no hará más que empeorar las cosas.
8. No me abandones/no me dejes.

Respuestas

A 1. worse, work, worth: [ɜː], pero done [ʌ].
   2. problem, wrong, boss: [ɔ], pero only [əʊ].
   3. worry, one, other: [ʌ], pero doing [ʊ(ː)].

B 1. It's not for me to tell you what to do.
   2. I'm old enough to make my own decisions.
   3. That's a risk you'll have to take.
   4. Do your best (do what you think is best/do for the best).
   5. Let's hope for the best.
   6. I wouldn't like to be in your place/shoes.
   7. That'll only make it worse (make things worse).
   8. Don't let me down.

Diálogo 1

— But he promised me faithfully[1] that all the work would be finished by the end of the month.
— Oh, for goodness sake[2]! I really don't see how he could possibly expect to get it all done in that time[3]. He's gone and commited himself[4] without thinking about it again. You know him, he's quite capable of promising you the earth[5].
— Well he won't get a single dollar from me unless he keeps to the deadline we agreed on[6]. If he can't keep his word, that's his bad luck[7].
— Oh, I expect he'll find some excuse[8], and you'll fall for it as usual[9].

Diálogo 2

C. = Carol   J. = John

C. — Oh, John! You're not going to tell me you've forgotten to collect[10] those tickets we ordered?
J. — I'm afraid so[11]. Well, that is, I didn't have time. Sorry.
C. — But you promised! You said[12] you'd get them today. And I wanted to make sure[13] that everything's all right before I call and confirm it with the Browns[14]. I was going to do that tonight.
J. — Well I've said I'm sorry, I can't do anything about it now. I'll get them tomorrow. Without fail[15].
C. — Can I count on that? Because if you forget again it may be too late. They may not keep them for us any longer.
J. — Oh, of course they will[16]. And in any case I really mean it this time. You can take my word for it[17], I'll definitely find time tomorrow. And if you're still worried about it, you can always telephone to make sure they don't sell them to anyone else[18].
C. — All right, but I still think it's better to go in person. It's safer that way[19]. So don't start trying to think of any excuses, will you[20]? I don't want you to let me down again[21].
J. — You can rely on me[22].

promises	['prɔmɪsɪz]	committed	[kə'mɪtɪd]
faithfully	['feɪθfʊlɪ]	earth	[ɜ:θ]
goodness sake	['ɡʊdnɪs seɪk]	excuses	[ɪks'kjuː:sɪz]

1. to promise faithfully: *prometer solemnemente, formalmente, dar su palabra.*
2. for goodness sake, for goodness' sake: *por (el) amor de Dios.*
3. *realmente no veo cómo él podría esperar que todo se hiciera en tan poco tiempo.* In that time = in so short a time.
4. *él se comprometió.* He's gone and, refuerzo de la estructura to commit oneself.
5. *él es capaz de prometerte la luna;* the earth, *la tierra* (el planeta).
6. *no respeta los plazos que acordamos;* obsérvese la expresión we agreed on, más usual que on which we agreed. Deadline, *fecha límite, plazo.*
7. *si no es capaz de mantener su palabra, mala suerte (para él).*
8. *espero que él encuentre una buena excusa/razón.*
9. *y te dejarás engañar, como siempre;* to fall for 1) (pop.) *admirar a, estar cautivado por (los encantos de);* 2) *dejarse engañar, quedar embaucado.*
10. to collect: *reunir, juntar, recoger, tomar al pasar.*
11. *Tengo (mucho) miedo, le temo.*
12. you said: *tú dijiste;* el inglés rara vez emplea el antecopretérito en un caso en particular.
13. to make sure: *asegurarse de que, hacer de manera que.*
14. *antes de llamar a los Brown para confirmarles.* Fíjese en el plural del apellido.
15. *¡sin falta, tienes mi palabra!* to fail, *faltar, fracasar;* he failed me, *él me traicionó, no mantuvo su palabra;* he failed to come; *no vino* (sobrentendido: contrariamente a su promesa, a lo que se había convenido).
16. *¡claro que sí!* Repetición positiva de la frase negativa.
17. *tú puedes creer en mi palabra;* lit. *tú puedes tomar mi palabra para eso.*
18. obsérvese la expresión someone else, *alguien más, algún otro;* nowhere else, *en ninguna otra parte.*
19. *es más seguro así;* that way, *de esa manera, de tal suerte.*
20. *ahora, no empieces a tratar de encontrar una excusa, ¿eh?*
21. *no quiero que me abandones de nuevo* (proposición infinitiva).
22. *puedes contar conmigo;* to rely on sb, *confiar en alguien;* to trust sb, *tener confianza en, creer en alguien;* to count on sb/sth, *contar con alguien/algo.*

1 - Expresiones propias de las promesas:

a solemn and binding promise	una promesa solemne e irrevocable
a (binding) contract	un contrato fijo (obligatorio)
a (solemn) commitment	un encargo/una comisión (solemne)
engagement	compromiso, obligación
a gentleman's agreement	pacto de caballeros
assurance	garantía, compromiso
pledge	prenda, señal, fianza
bond	1) lazo, atadura 2) obligación, contrato 3) bono, título
understanding	1) comprensión, entendimiento, inteligencia 2) armonía, correspondencia

2 - Verbos y expresiones verbales:

to make a commitment	comprometerse (también financieramente)
~ a promise	prometer, hacer una promesa
~ a solemn pledge	prometer formalmente
~ a deal	concluir, tratar, hacer un negocio
to swear	jurar, prestar juramento
to give one's word (of honor)	dar su palabra de honor
to be true to one's word	honrar su palabra, cumplir su compromiso
to meet a deadline	llegar al fin del plazo
to keep/honour/stick to one's word/one's promise	mantener, respetar, sujetarse a su palabra/promesa
to comply with regulations	cumplir con los reglamentos, reglamentación
to abide by (law, regulation)	seguir, observar la ley
to deliver (fam.)	honrar, respetar (uno) sus compromisos
to break one's word to go back on one's promise }	romper con su palabra, su(s) compromiso(s), retractarse de su promesa, etc.
he failed to meet his commitments	él no respetó/cumplió sus compromisos
to testify on oath	atestiguar, testificar bajo juramento
to vow	jurar, afirmar solemnemente
to say one's will	decir su voluntad

2 - Verbos y expresiones verbales (cont.):

to pledge	garantizar, prometer
to pledge one's word ~ oneself to do something	empeñar su palabra, comprometerse para hacer algo
shake hands with sb, shake sb's hands	dar la mano (en señal de acuerdo)
to reach an agreement	alcanzar un acuerdo
signed and sealed in presence of	firmado y sellado en presencia de
scout's honour	palabra de honor/palabra de scout
on my word as a gentleman	en mi palabra de caballero
I'll stake my life on it	apostaré mi vida en ello, me jugaré la vida por ese asunto

---

Promises **Ejercicios**

Tradúzcase:

1. ¡No me digas que olvidaste recoger los boletos!
2. Ella nunca respeta sus compromisos.
3. Tiene usted mi palabra/Puede tener mi palabra.
4. Él nos ha fallado otra vez.
5. Puedes confiar/contar conmigo.
6. Él me prometió que eso estaría terminado antes del fin de mes.
7. No tuve tiempo de hacerlo ayer.
8. Ellos no quieren guardárnoslos por más tiempo/Ellos no nos los guardarán por más tiempo.
9. Esta vez lo digo realmente en serio.
10. Tú dijiste (habías dicho) que los invitarías.

Respuestas

---

1. Don't tell me you forgot to collect the tickets!
2. She never meets her commitments.
3. You can take my word for it.
4. He's let us down again.
5. You can rely/count on me.
6. He('d) promised me it would be completed by/before the end of the month.
7. I didn't have time to do it yesterday.
8. They don't want to/They won't keep them for us any longer.
9. I really mean it this time.
10. You (had) said you'd invite them.

Diálogo 1

— It'll soon be time to be leaving[1] if you don't want to miss that plane. John's waiting for you in the car outside.
— Well, thank you again for all you've done[2]. We've had a lovely time here[3].
— It's a shame[4] you can't stay another day or two. But you really will have to be going[5]. You're cutting it fine already[6]. I hope you don't get held up in the traffic[7], or you'll never get there on time[8].
— Well, say good-bye to Peter for us. And remind him about November. Tell him we're counting on him.
— We won't forget. Now off you go[9]. Good bye, and have a good trip back[10].

Diálogo 2

J. = John   C. = Carol

J. — Carol, it's been such a lovely party, but I'm afraid I'm going to have to say goodnight[11].
C. — Oh, you're not off already, are you[9]? Must you really go so soon?
J. — Yes, I'm afraid so[12]. Thank you for having me and all that[13], but is getting late. I'll have to be on my way soon[14] or I'll miss the last bus.
C. — Oh, don't be ridiculous! You can't leave yet[15]. The party's only just getting going[16]. And there are plenty of people who will be driving home later on[17]. I'm sure someone will be able to give you a lift back[18]. Doesn't Paul live out in your direction somewhere?
J. — Yes, but I don't like to ask him[19]. It would be rather out of his way. And the thing is[20], I'm a bit tired, and I've got a lot to do tomorrow. I really must be going soon. I don't want to wait too long.
C. — Oh, I'm sure he wouldn't mind[21]. But if you really can't stay then we'll just have to do without you[22]. Bye for now, then[23]. See you soon.

| counting | ['kaʊntɪŋ] | direction | [dɪ'rekʃən] |
| ridiculous | [rɪ'dɪkjʊləs] | | [daɪ'rekʃən] |

1. *pronto será (la) hora de partir;* la forma progresiva to be leaving indica que la decisión fue tomada anteriormente.
2. *gracias por todo lo que ha hecho;* obsérvese to thank (sb) for (sth), *agradecer* (a alguien) *por* (algo), igualmente: all (that) you've done; el pronombre that, that frecuentemente se omite en posición de objeto directo, es preferible a which después de all, only, much, little, everything, none, no y sus compuestos, y todos los superlativos.
3. *nos hemos divertido mucho aquí* (lit. *hemos pasado un momento agradable aquí*). Obsérvese to have a good time (cf. después have a good trip back).
4. *qué lástima que...* (lit. *es una pena que...*).
5. *pero será realmente necesario que ustedes partan.* To be going, *estar/ponerse en camino:* distinto de to go, *ir/partir.*
6. *A ustedes ya les queda muy poco tiempo.*
7. *espero que ustedes no se queden atorados en un embotellamiento.*
8. *o no llegarán allá a tiempo.*
9. *y ahora; ¡vámonos!* To go off, to be off (cf. más abajo), *irse, partir.* La inversión off you go marca la insistencia o el énfasis (también se dice off you are).
10. *y que tengan buen viaje de regreso.*
11. *me temo que tendré que dar las buenas noches.*
12. *temo que sí;* so después del verbo (think, hope, believe, etc.) vuelve a tomar la idea anterior.
13. *gracias por todo* (lit. *gracias por* [cf. 2] *haberme recibido y por todo lo demás*).
14. *tendré que ponerme en camino pronto.*
15. *usted no puede partir aún;* not... yet, *no... aún/todavía no...*
16. *la fiesta apenas acaba de comenzar* (lit: *la fiesta está sólo comenzando*).
17. *más tarde; más temprano,* earlier on; *más lejos* further/farther on.
18. *estoy segura de que alguien lo llevará de regreso;* to give sb a lift (back), *llevar a alguien en un vehículo.*
19. *no quiero pedírselo/no me gustaría pedírselo.*
20. *a decir verdad, en realidad.*
21. *no le molestaría/no le importaría.*
22. *tendremos que hacer la fiesta sin usted.*
23. *bien, pues hasta luego* (lit. *adiós por el momento, entonces*).

1 - Otros saludos:

good-bye (lit: God be with you)	adiós
time to go/to be leaving	hora de partir/de irse
till next time	hasta la próxima
until we meet again	hasta que nos veamos de nuevo
same time, same place	a la misma hora, en el mismo lugar
time, gentlemen! } time is up, guys! }	¡ya es hora (de cerrar) señores!

En ciertas regiones los bares cierran a una hora fija y rigurosamente respetada (23 hrs), es por ello que esta expresión se utiliza así.

to say good-bye/goodnight	decir adiós/buenas noches
late departure	salida retrasada (estar retrasado)
late show/film/departure	espectáculo/película/salida tarde en la noche
to take off, take-off time	despegar, hora partida
flight No. 52 will depart at...	el vuelo 52 partirá a...
to sail (out, off, away)	salir (en barco)
to leave (by train)	salir (en tren), partir

2 - Expresiones de nivel culto:

to say "Thank you"	decir gracias
to bid farewell to	despedir a alguien
to part (lenguaje culto o irónico)	separarse
to depart	partir (sobre todo en avión, tren).
to withdraw	retirarse

3 - Expresiones de nivel popular:

see you later, see ya (= you)	te (lo) veré más tarde/nos veremos después
so long	hasta luego
let's go	¡vámonos!
let's call it a day	demos por terminadas las labores
got to go	debe(mos) partir

4 - Expresiones propias del argot:

to scram } let's beat it }	largarse marchémonos
let's get out of here	salgamos de aquí (aprisa)

5 - Salidas diversas, ausencias temporales:

to go to the bathroom } to go to the powder room }	ir al baño (mujeres) al tocador
to spend a penny (fam.) } to go to the loo } john }	ídem. (hombres)
to be tipsy/intoxicated	estar ido, ligeramente "bebido"

A Conviértase a la forma interrogativa-negativa:

1. Paul lives out in your direction somewhere.
2. It would be rather out of his way.
3. They'll have to be going soon.
4. It'll soon be time to be leaving.
5. Someone will be able to give him a lift back.
6. You're cutting it fine already.

B Tradúzcase:

1. Debemos partir ahora si no queremos perder el avión.
2. Feliz/buen regreso.
3. Debo/tengo que partir ahora.
4. Espero que no se quede atorado en los embotellamientos.
5. Usted no podrá llegar ahí a tiempo.
6. La fiesta apenas acaba de comenzar.
7. Usted no puede partir aún.
8. ¿Quiere usted que la lleve en coche?
9. Hasta pronto.
10. Se hace tarde y tengo muchas cosas que hacer mañana.

Respuestas

A 1.   Doesn't Paul live out in your direction somewhere?
2.   Wouldn't be rather out of his way?
3.   Won't they have to be going soon?
4.   Won't it soon be time to be leaving?
5.   Won't someone (anyone?) be able to give him a lift back?
6.   Aren't you already cutting it fine?

B 1.   We'll have to (We must) leave now if we don't want to miss the plane.
2.   Have a good/nice trip back!
3.   I must be off/on my way/going now; I have to leave now.
4.   I hope you don't/won't get held up in the traffic.
5.   You'll never get there in time.
6.   The party's only just getting going.
7.   You can't leave yet; you're not off already, are you?
8.   Would you like me to give you a lift back/to drive you back?
9.   See you soon.
10.   It's getting late and I've got a lot to do tomorrow.

Diálogo

— Americans are generally very[1] friendly. They spend all their time drinking coffee and listening to the radio or watching T.V.
— Not every single one of them[2], surely?
— They don't like to do anything else, because in the United States the streets are always crowded. They live in very luxurious houses and whenever they go out they travel in very fine cars, unless they're too poor — and then they go on metropolitan buses[3] with the lower classes[4].
— That's rather a sweeping statement[5], isn't it?
— Well most of them do, anyway. And their friends are always blonds or red-heads[6]. More often than not[7] they wear strange[8] blue jeans and never stop gossiping[9].

Text

Not everyone agrees that[10] it is important to be able to make yourself understood[11] in a foreign language; but most people do. Usually, people are first introduced to the idea of a foreign language at school, although this is not universally the case[12]. Almost always, in English speaking countries, the language studied will be French, but more often than not[7] the school will be able to offer German, or perhaps Spanish, as a second language. Unfortunately, while it would be wrong to overgeneralize, it is fair to say[13] that not many people make any attempt[14] to use the knowledge gained in this way until, many years later, they find themselves crossing some border as tourists. Such attempts result, in most cases, in embarrassing failures. However, on the whole[15], the education authorities still tend to regard[16] language learning[17] in schools as important[18]. In general, this is because it is likely[19] to help young people to have a better understanding of their own language.

---

terribly	['terəblɪ]	case	[keɪs]
buses	['bʌsɪz]	embarrassing	[ɪm'bærəsɪŋ]
strange	[streɪndʒ]	failures	['feɪljərz]
foreign	['fɔrən]	authorities	[ə'θɔrɪtɪz]
introduce	[ɪntrə'djuːs]	young	[jʌŋ]
idea	[aɪ'dɪə]		

1. very: *muy, mucho;* terribly: *terriblemente, excesivamente, extremadamente.* Atención: terrible = *espantoso, terrible, abominable.* Para expresar algo increíble, extraordinario se debe decir **terrific.**

2. *ni uno solo de ellos.* Single, *único, solo, individual* (y algunas veces *soltero*), está reforzado aquí por every, *cada uno.* Not a single one, *ni uno solo.*

3. *autobuses metropolitanos; autobús de dos pisos* (deck: *puente de un navío*).

4. lower classes: *la clase trabajadora, el proletariado,* cf. middle classes, *la clase media, la mediana burguesía;* the upper class, *la alta/gran burguesía.*

5. sweeping statement: *afirmación mordaz, muy general, sin matices.* To sweep, *barrer.*

6. red-head: *pelirrojo.*

7. lit: *más seguido que no;* fórmula idiomática: *lo más frecuente, la mayor parte del tiempo* (most of the time).

8. strange: *extraño, raro, desconocido.* Pronunciación[streın(d)ʒ] : de [eı] de pain y no [e] de pen. Atención: a stranger, *un desconocido* ≠ a foreigner, *un extranjero.*

9. forma terminada en -ing después de never stop, *y no dejan de chismear;* to gossip, *chismear, murmurar.* Gossip: 1) *habladuría, charlatanería,* 2) *chismoso, hablador.*

10. *no todos están de acuerdo/no convienen en que...*

11. to make oneself understood, *darse a entender;* to make someone understand something, *hacer a alguien entender algo.*

12. case: pronunciar [keıs], con un sonido [s] y no [z].

13. *es justo decir;* fair 1) *bello/bonito;* 2) *rubio;* 3) *justo, leal, equitativo;* 4) *bastante bueno, pasable.*

14. to make an attempt: *hacer un intento, tratar, probar.*

15. on the whole: *en conjunto, en general.* Se pronuncia [həʊl] como hole, *hoyo.*

16. tend to regard: *tienden (tienen tendencia) a considerar.*

17. language learning: *el aprendizaje de idiomas;* atención: language teaching: *la enseñanza de lenguas.*

18. important: en inglés, este adjetivo se reserva al significado (como en este caso) de *que tiene consecuencias considerables, que desempeña un gran papel.* Cuando el término importante se refiere a cantidad o a volumen, se traduce por large o big; *una suma importante,* a large sum; *una ciudad importante,* a big city.

19. it is likely to: *es probable que.*

1 - Expresiones que indican generalizaciones:

in general, generally	en general, generalmente
generally speaking	hablando en forma general
broadly speaking	hablando en sentido amplio
in general terms	en términos generales
in a general sense	en sentido general (amplio)
on balance	considerando todo, a fin de cuentas
all in all	en conjunto, con todo
by and large	de manera general
taking all things together	tomando(lo) todo junto
on (an) average	en promedio
globally	globalmente
the man in the street	el hombre de la calle, el ciudadano común
every Tom, Dick and Harry	cada hijo de vecino
the public opinion	la opinión pública
the general opinion	la opinión general
most of the time	la mayor parte del tiempo
mostly	principalmente
for the most part	en su mayor parte
at the grass roots (fam.)	desde el fundamento mismo

2 - Verbos y expresiones verbales:

to generalize	generalizar
to overgeneralize	sobregeneralizar
to approximate	aproximar
to assimilate	asimilar, comparar
to equate	igualar, considerar idéntico
to lump (together)	agrupar, englobar
to extrapolate	extrapolar, deducir
it boils down to...	eso se resume en.../se reduce a...
all told	considerado todo

3 - Otras expresiones:

in a nutshell	en pocas palabras
in (broad) outline	a grandes rasgos

4 - Sustantivos importantes:

stereotype, cliché	estereotipo, cliché
pattern	diseño, esquema
standard	modelo, tipo

5 - Adjetivos comunes:

general	general
overall	de pies a cabeza
comprehensive	amplio, de gran extensión

(¡Atención! *comprensivo* se dice **understanding, sympathetic**)

worldwide — mundial, a través del mundo

Cuidado con **global** que puede significar *general, global,* pero toma también el sentido de *mundial, planetario, universal.*

Generalization   **Ejercicios**   30-4

A Complétese:

1. They go... double decker buses.
2. They offer Spanish... a second language.
3. ...the whole, I would tend to agree.
4. More... than not, such attempts result... failures.
5. They can't do... else.

B Tradúzcase:

1. Ellos emplean todo su tiempo en beber.
2. Ellos no pueden hacer otra cosa.
3. Nunca para de llover.
4. En la mayoría de los casos, puedo darme a entender.
5. La mayoría de ellos aprenden español como segunda lengua.
6. Lo más frecuente es que tales intentos acaben en fracasos.

Respuestas

A 1. on; 2. as; 3. on; 4. often; in; 5. anything.

B 1. They spend all their time drinking.
2. They can't do anything else.
3. It never stops raining.
4. In most cases I can (I'm able to/I manage to) make myself understood.
5. Most of them learn Spanish as a second language.
6. More often than not (most of the time), such attempts result in failures.

Diálogo 1

— Hello, this is[1] Mr Gower. I'm calling to confirm our reservation for the 22nd and 23rd June.
— Of course, sir. I'll just check the register, if you'll please hold on[2]... Hello, yes, your reservation is for three double rooms[3] with bath, for the nights of June the 22nd and 23rd. It's in the name of Mr Gower, is that correct?
— Yes, that's right. I see that everything is in order. Will the rooms be available from midday on the 22nd?
— Certainly, Sir. Our previous guests[4] will have left by then[5].

Diálogo 2

                    L. = Mr Lewis   P. = Mr Palmer

L. — Oh, by the way, about that meeting in Bristol next week. I've been assuming that it won't start till after lunch[6]. That is right, isn't it?
P. — I think so[7]. But I'm not sure. I can check it if you like, though[8]. I've got my appointments agenda[9] here. I only have to look it up[10].
L. — That's very kind of you. I always think it's best to make sure about these things, don't you? Better safe than sorry[11].
P. — Quite. Now, let me see. Here it is, Wednesday the 23rd. Yes the meeting is down[12] to start at two-thirty, as you thought. But you'd forgotten[13] one thing. They're expecting us for lunch beforehand[14].
L. — Ah, of course. I should have thought of that[15]. It will mean getting the early train[16], I think.
P. — Exactly. But that won't really make much difference, will it? After all, we'll have to have lunch somewhere. We'd probably have caught[17] the same train anyway.
L. — I suppose so. Lunch with the directors[18] will certainly be better than eating in a buffet car. We'd better ring up[19] to confirm that we'll be there.

register	['redʒistə]	though	[ðəʊ]
reservation	['rezə'veɪ\n]	appointment	[ə'pɔɪntmənt]
available	[ə'veɪləbl]	diary	['daɪərɪ]
previous	['pri:vɪəs]	buffet	[bə'feɪ]
assuming	[əs'ju:mɪŋ]		

1. this is: corresponde en español a: *soy X...; X al habla.*
2. please hold on: *por favor espere un momento/no cuelgue.*
3. double rooms: *cuartos dobles* = *dos recámaras para dos:* a double bed, *una cama grande/matrimonial;* twin beds, *camas gemelas;* a double-bedded room, a twin-bed room, *habitación con dos camas.*
4. *nuestros clientes anteriores;* previous, *anteriores, precedentes, de antes;* guest, *invitado* = término usual en hotelería.
5. *habrán partido para ese momento.* Se encuentra también el verbo to vacate a room, más técnico, para *desocupar la habitación.*
6. *eso no empezará sino hasta después de la comida.* El inglés utiliza con frecuencia esta expresión idiomática con won't y till o until: results won't be in until the end of the month, *los resultados no serán conocidos sino hasta fin de mes.*
7. *pienso que sí;* cf. después I suppose so, *creo/pienso que sí* en oposición a I don't think so, o I think not.
8. though: *sin embargo, por lo tanto* (adverbio al final de la frase).
9. appointments agenda: *agenda de citas;* appointment: 1) *cita* (de negocios, como aquí); 2) *nombramiento.* Diary, *agenda.*
10. to look up: *buscar* algo en un directorio, registro o diccionario.
11. *es mejor estar seguro que lamentar* (en español, *más vale prevenir que lamentar*); safe, *seguro.*
12. *el principio de la reunión está previsto para las...* down indica que la hora está written down, *escrita, inscrita* (en la agenda). La fórmula habitual es the meeting is due to start at... *la reunión debe comenzar a las...*
13. you'd forgotten = you had forgotten.
14. *anticipadamente, anteriormente, con anticipación.*
15. thought of that: la preposición que introduce al complemento de to think es of o about. *Piense en algo/en alguien,* to think off/about sth/sb.
16. *el tren de la mañana* (lit: *el tren tempranero*): cf. the late train, *el último tren;* the late show, *el último espectáculo.*
17. we'd probably have caught = we would probably have caught.
18. director: 1) *director;* 2) *administrador* = miembro del consejo de administración de una sociedad.
19. we'd better ring up = we had better ring up *sería mejor que llamásemos/hablásemos por teléfono.* Se puede encontrar también, en inglés ordinario: we better ring up. To ring up (sobre todo en inglés tradicional) = to phone, algunas veces también to call (on the phone).

1 - Otras maneras de hacer una confirmación:

to confirm	confirmar; hacerlo definitivo
≠ to deny	desmentir, negar
to authenticate	autentificar
to back a statement	apoyar una declaración
to bear out a theory	confirmar una teoría
to certify	certificar
certified true copy	copia certificada
to check with	verificar, revisar, comprobar
to corroborate	corroborar
to endorse	respaldar
to firm up	afirmar
to justify	justificar
to maintain one's words	mantener (uno) su palabra
to reconfirm a flight	ratificar vuelo (avión)
to substantiate	probar
to testify to sth	evidencia, atestiguar (algo)
to uphold a court order	sustentar, defender un juicio (tribunal)
to validate	validar
to verify	verificar, confirmar

2 - Otras expresiones:

I'll vouch for it	responderé por ello
to commit oneself	comprometerse
to stick one's neck out	exponerse al fracaso
I can't stick my neck out on this	no puedo exponerme a hacer el ridículo en eso
we're expecting an early confirmation of the report	esperamos una pronta confirmación del reporte
unconfirmed rumour	rumor no confirmado
the exception proves the rule	la excepción confirma la regla.

3 - Confirmaciones por escrito:

I am/we are writing to confirm...	Le escribo/le escribimos para confirmarle...
I/we wish to confirm...	me gustaría/desearíamos confirmarle que...

A Añádase el equivalente de ¿no (es verdad)?, ¿no es cierto? al final de la frase con el objeto de reafirmar su contenido.
1. That's right,...?
2. You'd forgotten,...?
3. They're expecting us,...?
4. That won't make much difference,...?
5. We'd better ring them up,...?
6. They'll have left by then,...?

B Tradúzcase:
1. Le hablo por teléfono para confirmar nuestra reservación del (día) 14.
2. Puedo verificar si lo desea.
3. Es muy amable (de su parte).
4. Por favor espere (un momento).
5. Debería de haber pensado en eso.
6. Ellos nos esperan para la comida.
7. Ello no representa mucha diferencia, ¿verdad?
8. Sería mejor telefonear para confirmar que estaremos allí.
9. Es correcto ¿no? Creo que sí.
10. Voy a ver/verificar en mi agenda.

Respuestas

A 1. isn't it? 2, hadn't you? 3. aren't they? 4. will it? 5. hadn't we? 6. won't they?

B 1. I'm calling [you]/ringing [you] up to confirm our reservation for the 14th.
2. I can check if you want.
3. That's very kind/nice of you.
4. Please hold on.
5. I should have thought of that/it.
6. They're expecting us for lunch.
7. That won't make much difference, will it?
8. We'd better call/ring up to confirm that we'll be there.
9. Is that correct./That's right, isn't it? —I think so/I suppose so.
10. I'll look up/I'll check in my agenda.

Diálogo 1

— Don't forget we're having the Martins to dinner on Wednesday[1].
— Oh dear! Couldn't we put them off somehow[2]? Perhaps they wouldn't mind making it next week instead[3].
— Now listen! We can't postpone it again. What would they think? Remember, they were supposed to be coming round last week[4], but we had to change the date because of your mother. And if we go on delaying it[5], they'll think we don't want to see them at all. After all, we do owe them an invitation[6]. We can't keep them waiting for ever.[7]

Diálogo 2

J. = John   M. = Mary

J. — Oh, by the way, Mary, about our trip to San Francisco next week. I'm afraid we're going to have to postpone it unless you'd rather go by train[8]. I've had to take the car in to be serviced[9], and they said they'll have to keep it in the garage (for) a few days. Apparently there's something wrong with the gearbox[10].

M. — Oh dear, that's bad luck[11]. I hope it isn't too expensive. But there's nothing urgent about going to San Francisco as far as I'm concerned[12]. I really don't mind leaving it for a bit[13].

J. — Yes, perhaps that would be best. In fact it may even be more convenient for me if we can put it off for another week or two[14]. I've got rather a lot on here at the moment[15].

M. — That's agreed, then. We'll go another day instead[16]. It doesn't make any difference to me after all's said and done[17]. And anyway, there may not be much point in going by train[18] if the time table isn't convenient. We might not be able to stay as long as we'd like, for instance.

J. — Exactly. It'll be better all round[19] if we wait until the car's been fixed[19]. It won't be all that long[20]. And then we'll arrange another date, all right?

M. — That's fine with me. Just let me know when you're ready[21].

Wednesday	['wenzdeɪ]	owe	[əʊ]
postpone	[pəʊst'pəʊn]	serviced	['sɜːvɪst]
delaying	[dɪ'leɪɪŋ]	garage	['gærɑːʒ]

1. *no olvides que tendremos a los Martin para la cena, el miérco-les en la noche;* we're having, este presente continuo tiene valor de futuro puesto que es un hecho real en el momento en el que se habla.
2. somehow, *de una manera o de otra.* To put off = to postpone, *posponer, pasar a una fecha posterior, retrasar.*
3. ... *aplazarlo mejor* (en cambio) *para otro día?* Instead, adv., *en su lugar, en el lugar que;* instead of, prep. *en lugar de.*
4. *se suponía que ellos iban a venir la semana pasada.*
5. to delay: *retardar, pasarlo para más tarde.*
6. *después de todo les debemos una invitación.* We do owe them: forma de insistencia.
7. to keep somebody waiting: *hacer esperar a alguien.* For ever (para) *siempre, eternamente.*
8. Obsérvese la ausencia del artículo: by train, *en tren;* lo mismo: by plane, *en avión;* by car, *en coche;* by bus, *en autobús.*
9. *he tenido que llevar el auto para que sea revisado* (lit: *tuve que llevar el auto para su mantenimiento*). To service, *darle servi-cio, revisión, mantenimiento.*
10. ...*hay algo que no funciona bien en la caja de velocidades.*
11. *¡qué mala suerte!; ¡eso es no tener suerte!*
12. *en lo que me concierne.* As far as, *tan lejos como.*
13. *no estoy en contra del hecho de dejar eso* (durante) *algún tiempo.*
14. *si se puede posponer una semana o dos.* For + unidades de tiem-po, cf. comp. 9.
15. *por lo pronto tengo mucho que hacer aquí* (por el momento).
16. *otro día iremos a la plaza.*
17. *todo está considerado, para mí eso no representa ninguna dife-rencia* (lit. *una vez que todo ha sido dicho y hecho*).
18. *puede ser que no tenga mucho sentido el ir en tren.* There isn't much point/sense (in) + verbo en la forma en -ing: *eso no tiene sentido, eso no sirve para nada...*
19. *si esperamos hasta que el auto haya sido reparado* (lit. *hasta que el coche sea reparado*): to fix , *reparar, arreglar;* también *fijar* (una fecha).
20. *eso no tomará mucho tiempo;* all that long, *no se necesitará tanto tiempo como parece.*
21. *cuando estés listo;* no se usa el futuro después de **when**, as soon as, etc., en una oración de tiempo.

1 - Otras formas de posponer:

to postpone, to put off	posponer, transferir, cambiar para más tarde
to defer [di'ʃɔ:r]	delegar, aplazar, diferir
deferred payment	pago diferido
to delay	demorar, dilatar
to adjourn a meeting (leng. c.)	suspender una reunión
to suspend (leng. c.)	cesar/dejar de funcionar temporalmente
to stall	dar largas a un asunto
to temporize (leng. c.)	contemporizar, actualizar
to procrastinate	postergar
filibuster	1) filibustero, pirata, bucanero. 2) obstrucción (parlamentaria).
deferred judgement	juicio aplazado
moratorium	moratoria
lateness	retardo, tardanza
tardiness	1) lentitud 2) (US) retraso, falta de puntualidad.

2 - Otras expresiones:

to postpone/defer/put off until	posponer/dilatar/demorar hasta
to shelve a report	arrumbar, postergar indefinidamente un reporte
to keep waiting	mantener esperando/hacer esperar
to have too much to do	tener demasiado que hacer
I can't spare the time	no puedo escatimar tiempo
let's leave it for a bit	dejemos eso por el momento
to wait and see	esperar y ver, quedarse a la expectativa, tener paciencia
the Greek Kalends	"calendas griegas" (fig) = tiempo que no llegará
at the last minute	en el último minuto
at the eleventh hour	a la onceava hora (Biblia)
tomorrow is another day	mañana será otro día: ya veremos
to keep in reserve	tener/guardar en reserva
"never put off until tomorrow what can be done today"	"no dejes para mañana lo que puedas hacer hoy"

3 - ¡Atención!

un plazo, *un tiempo límite* se traduce según el caso por: time, period, time-limits, etc.; *respetar un plazo:* to meet a deadline; ¿cuánto tiempo le tomaría...? how long would it take you to...?

A Identifíquense en los siguientes diálogos los verbos correspondientes a *posponer, retrasar;* ¿Ha aprendido usted algún otro verbo semejante en esta lección?

B Conjúguese al condicional:

1. They don't mind going another day.
2. What do they think?
3. Can you put it off?
4. It may take a few days.
5. We won't be able to stay very late.

C Tradúzcase:

1. ¿Podemos retrasar este viaje una semana o dos?
2. No podemos hacerlos esperar eternamente.
3. No tiene mucho sentido ir en tren si el horario no es práctico.
4. Estoy de acuerdo (para mí está bien).
5. Eso no hace una diferencia para mí (me da igual).
6. Estaba previsto que vinieran la semana pasada.
7. Ella dijo que eso tomaría algunos días.
8. Quizás no le molestaría cambiar de fecha.

Respuestas

A to put off; to postpone; to delay; + to defer

B
1. They wouldn't mind going another day.
2. What would they think?
3. Could you put it off?
4. It might take a few days.
5. We wouldn't be able to stay very late.

C
1. Can we // postpone that trip/put the trip off // for a week or two?
2. We can't keep them waiting forever.
3. There isn't much point/sense [in] going by train if the timetable isn't convenient.
4. That's fine with me.
5. It doesn't make any difference to me.
6. They were supposed to come (round) last week.
7. She said it would take a few days.
8. Perhaps they wouldn't mind changing the date.

Diálogo 1

— Oh, Nancy called just now. You've just missed her.
— That's a pity[1]. Did she leave a message at all[2]?
— No. Well, that is, she said you should call her back[3] this evening.
— I hope she left her number.
— Oh, no, she didn't, actually[4]. She said you'd already got it.
— Oh dear. But I don't think I have. She moved[5] recently and I haven't got her new number yet. I thought you knew. Did she say if it was urgent?
— No, she said tomorrow would do[6]. But don't look so worried. I'm only teasing[7]. I've got her new number here.

Diálogo 2

C. = Carol   P. = Paul

C. — Oh, by the way, Paul, there's a message from James.
P. — From James? I didn't expect anything from him. I wonder what he wants[8].
C. — It's about next week. He said to remind you[9] that you're both going up to New York[10] on Wednesday. He was wondering if[8] you'd like a lift[11].
P. — That's very kind of him. Yes, I suppose we might as well go together[12]. There's no point in taking two cars[13]. Did he happen to mention[14] what time he was leaving, by any chance[15]?
C. — Yes. He suggested leaving soon after ten, so as to get there[16] in time for lunch, if that would be convenient for you[17].
P. — Yes, I think that would be best[18]. But how will I be able to[19] get in touch with him[20], to let him know that I agree?
C. — There's no need. I could take a message if you like. I'll be seeing[21] him this evening.
P. — Oh, fine. Well, in that case, could you thank him for me and tell him that I'd be glad of a lift[11] and that that arrangement would suit me[22] perfectly?

---

message	['mesɪdʒ]	suggested	[sʌ'dʒestɪd]
actually	['æktʃʊəlɪ]	convenient	[kən'viːnjənt]
teasing	['tiːzɪŋ]	arrangement	[ə'reɪn(d)ʒmənt]
wondering	['wʌndrɪŋ]		

1. *¡qué lástima! ¡Qué mala suerte!*
2. *¿no ha dejado ella algún mensaje?* At all, *del todo, algún, ningún.* Se usa frecuentemente al final de la frase.
3. you should = recomendación, obligación tenue.
4. actually: falso cognado, *verdaderamente, realmente, a decir verdad; actualmente,* now, at the moment, for the time being.
5. *ella se mudó recientemente;* to move, *cambiar, mover(se), transportar.*
6. to do: en este caso, *convenir, ir, efectuar(lo).*
7. to tease: aquí, *molestar a alguien, atormentar* (a alguien para obtener algo).
8. to wonder: *admirarse, maravillarse;* (+ what/if/whether) *hacerse preguntas, interrogarse, preguntarse.*
9. to remind: *recordar, hacer memoria;* to remember; *acordarse;* to recall, *recordar, rememorar.*
10. both: *los dos, juntos, ambos;* pronombre que jamás va precedido de artículo; se coloca antes del verbo; ej.: **both** ([the] men) came, both of them came, they both came.
11. condicional después de if: cf. 17; a lift, en este caso, el hecho de llevar en auto. I can give you a lift home, *puedo llevarlo (en mi coche) a su casa.*
12. we might as well; *nosotros también podríamos...*
13. *no tiene caso llevar dos autos:* there's no point in + -ing.
14. to happen to: *encontrarse casualmente, llegar, hacer(se) como.* I happen to know him, *sucede que yo lo conozco.*
15. by any chance: *por suerte, por casualidad.*
16. *de manera que lleguemos ahí;* so as to, *de modo que;* in order to, *por/para.*
17. to be convenient: *ser (resultar) conveniente, convenir;* it would be convenient for me to leave early, *me convendría salir temprano* (proposición infinitiva).
    If + would expresa una solicitud cortés; otro ejemplo: if you would let us know..., *si usted quisiera hacernos saber...*
18. *es (sería) lo mejor;* se encuentra también the best.
19. can no tiene otra forma más que could (pretérito y condicional), se utiliza la forma de sustitución, to be able to.
20. to get in touch with someone: *establecer contacto con, comunicarse con alguien, ponerse en relación con alguien.*
21. este futuro en la forma terminada en -ing indica que se está seguro del hecho.
22. *y que este arreglo me convendría perfectamente;* el primer that introduce una proposición que desempeña una función de completitud, el segundo es un demostrativo. To suit, *convenir, ir bien, estar adaptado a.*

1 - Otras maneras de transmitir un mensaje:

to contact	ponerse en contacto/en relación con
to ring up, to phone	llamar por teléfono, telefonear
to send [out] a message	enviar un mensaje
to page	llamar en voz alta o buscar a una persona en un hotel, tienda, etc.
Paging Mr Corbett!	se solicita al Sr. Corbett
to leave/take a message	dejar/tomar un mensaje
to communicate	comunicar
one-way/two-way communication	comunicación en sentido único/en doble sentido
an informer	un informador (de la policía) "soplón" (pop.)
to inform (sb about sth)	informar (a alguien de algo)
to let sb know about sth	*idem.*
to acquaint someone with sth (sout.)	informar/poner al corriente a alguien de algo
to remind someone of sth	acordar a alguien de algo
to put sb into the picture	poner al corriente a alguien
to be in on it	estar en la corriente

2 - Otras expresiones:

we'll let you know	le haremos saber
don't call us, we'll call you	no llame usted, nosotros lo haremos
may I suggest...?	puedo sugerir(le) que...?
he got the message	él captó/recibió el mensaje
when can I get in touch with...?	cuándo puedo comunicarme con...?
to record	grabar, archivar, clasificar
a record	un expediente, una grabación

3 - Contestador telefónico:

an answering machine/device	un contestador telefónico
answering service (telecom.)	servicio de mensajes telefónicos (telecom)
"This is Mr Smith's office; I'm not in at the moment, but I will call you back as soon as possible. Please leave your name and telephone number right after the beep."	"Es la oficina del Sr. Smith; estoy ausente en este momento, pero (yo) le llamaré lo más pronto posible. Por favor deje su nombre y número telefónico después de la señal".

A Tradúzcase al inglés:

1. Él me dijo que te acordara que ustedes van (a ir) a Nueva York el martes.
2. ¿Dejó su número de teléfono?
3. Yo lo veré esta noche.
4. ¿Cómo podré comunicarme con él?
5. ¿Por casualidad dijo él a qué hora salía?
6. Ella dijo que tenías que llamarla.
7. Sería lo mejor.
8. Dígale que eso me convendría perfectamente.
9. ¿Esperas un telefonema?
10. Él simplemente quería hacerle saber (informarle sobre algo).

B Tradúzcase al español:

This is John Smith's aswering device (machine). I'll be away from March 3rd to March 6th. You can either call [me] again after that date, or leave a message for me to get in touch with you as soon as I'm back. The recording will start after the beep.

Respuestas

A
1. He told me to remind you that you're both going (up) to New York on Tuesday.
2. Did she leave/her phone number?
3. I'm seeing him tonight.
4. How can I (will I be able to) get in touch with him?
5. Did he say (mention) what time he was leaving, by any chance?
6. She said you had to call her back.
7. That would be (the) best.
8. Tell him (her) [that] it would suit me perfectly.
9. Are you expecting a phone call?
10. He simply (just) wanted to let you know (about it).

B Éste es el contestador telefónico de John Smith. Estaré ausente del 3 al 6 de marzo. Usted puede llamarme después de esta fecha o dejarme un mensaje. Me pondré en contacto con usted tan pronto como regrese. La grabación comenzará después de la señal.

Diálogo 1:

— Hello, is that[1] the car hire firm?
— Yes, Sir. This is the Godfrey Davis Company[2].
— Well I'd like[3] to know whether[4] it's possible to hire a car by telephone.
— You can reserve a car by telephone, Sir, if that's what you mean.
— That's right. And how many days in advance would I have to call?
— Oh, twenty-four hours is usually enough, Sir. It depends on[5] what kind of car you want.

Diálogo 2

J. = Mr Johnson   F. = Mr Fitzpatrick

J. — Good afternoon, I'm glad I found you here. I don't want to interrupt you, but I need some information[6] on sending money abroad[7]. Do you happen to know[8] anything about it, by any chance?

F. — Well, I know a bit, in a general way. I should be able to tell you what you want to know —as long as[9] you don't ask me anything too complicated, that is[10].

J. — Well the problem is that I'm going to have to send a deposit to reserve a hotel room in Mexico City, for the Easter[11] holidays. It's only a small sum, but I don't think I ought to send bank-notes through the post.

F. — No, of course not. I see your poblem. And it would be just as bad to send a traveler's check[12] because you'd have[13] to sign it in advance. I think the most convenient solution would be for them to[14] charge it to your credit card[15]. After all, it is valid internationally[16].

J. — Yes, but what happens if they haven't got the facilities[17] for that?

F. — Well, then it might be worth enquiring[18] at the post office. As it's a Latin-American[19] currency[20] they may be able to give you an I.M.O., an International Money Order[21].

J. — Ah yes, that sounds[22] suitable. I hope I won't have to ask the bank to transfer the money...

F. — Oh no, don't do that if you can help it[23]. That's the most expensive way. Of course, if you want to know exactly what rates they charge, you'll have to make enquiries[24] at the bank.

---

advance	[əd'vaːns]	deposit	[dɪ'pɔzɪt]
interrupt	[ɪntʌrəpt]	Latin-American	['laetin-ameriken]
abroad	[ə'brɔːd]	exactly	[ɪg'zæklɪ]

1. **that**: designa a la persona que contesta del otro lado de la línea (telefónica). Inversamente, para presentarse al interlocutor se dice: **this is Mr Martin**, *éste es el Sr. Martin*.

2. **the Godfrey Davis Company**: obsérvese el empleo del artículo, necesario por la presencia de **company**.

3. **I'd like, I would like**: *me gustaría*.

4. **whether**: *si* (o *no*). Cuidado con la ortografía (**h** después de **w**).

5. **to depend on sth, on sb**: *depender de, contar con*, complemento introducido por la preposición **on**.

6. **information**: *informes, información*. Information is available, *la información está disponible*.

7. **abroad**: *en el extranjero*. Solamente se emplea como adverbio. *Vivir en el extranjero*, to live abroad. El adjetivo es **foreign**: *país extranjero*, foreign country.

8. **do you happen to know**: *sabría usted por casualidad...* Reforzado aquí por **by any chance** (*casualidad*).

9. **as long as**: *tanto como, tanto tiempo como, en la medida en que*.

10. **that is**: *es decir; quiero decir*.

11. **Easter**: *Pascuas*.

12. **traveler's check**: *cheque de viajero*.

13. **you'd have** = **you would have**.

14. **would be for them to**, *sería para ellos...*

15. **to charge**: 1) *hacer pagar*, cobrar (*una suma de dinero*); how much do you charge? *¿Cuánto cobra usted? ¿Cuál es su tarifa?* 2) *imputar, poner un gasto en una cuenta*.

16. atención con la ortografía (dos letras 1): **international + ly**.

17. **facilities**: 1) *medios, posibilidades;* 2) *instalaciones;* 3) *facilidades de crédito*, etc.

18. **worth enquiring, to be worth**: *valer la pena*, va seguido de una forma terminada en **-ing** (aquí sustantivo verbal).

19. **Latin-American**: adjetivo; **Latin American** sustantivo

20. **currency**: *moneda, divisa*.

21. **money order**: *giro postal*.

22. **that sounds suitable**: varios equivalentes para *eso parece*, según se trate de una impresión auditiva (**to sound**), visual (**to look**) olfativa (**to smell**), táctil (**to feel**).

23. **if you can help it**: *si usted puede evitarlo*. Atención: **I can't help + -ing**: *no puedo evitar reírme*, I can't help laughing.

24. **to make enquiries**: *pedir informes:* enquiry, inquiry, *solicitud de información*, y también *encuesta*.

1 - Reglas importantes, *advice no se pone nunca en plural:*

advice	consejos; un consejo: **a piece of advice**
information	informes, información, un informe: **a piece of information**

2 - Inquiry, enquiry:

inquiry, enquiry, inquiries	dos ortografías y dos sentidos: 1) pregunta, solicitud de informes, de ahí: (ventanilla u oficina de) **informes**; 2) encuesta

3 - Otras maneras de solicitar informes:

to put a question to sb	hacer una pregunta a alguien
to inquire/enquire about	1) informarse 2) preguntar por
to inquire of sb	informarse con alguien
to inquire into sth	investigar, inquirir
to make enquiries/inquiries	1) informarse; 2) encuestar
to raise a point	hacer una observación
to request information	pedir información
to probe	sondear, escudriñar
to get to the bottom of sth	llegar al fondo de algo
an awkward question	una pregunta embarazosa
to demand	exigir, reclamar
to question	1) poner en duda, cuestionar 2) interrogar

4 - Construcciones típicas de to ask, preguntar:

to ask sb sth	pedir(le) a alguien algo
ask my brother	pregúntele a mi hermano
to ask sb a question	hacer a alguien una pregunta
to ask for information	pedir informes
to ask for advice	pedir consejo

5 - Vocabulario propio de las encuestas:

to interrogate	interrogar, preguntar
to investigate	examinar, analizar, investigar
an investigation	una averiguación, encuesta (detallada)
to follow up	dar más detalles de
to give sb the third degree	interrogar severamente (hasta llegar a la tortura)
to snoop	husmear, curiosear
to be nosy (nosey)	ser entrometido, curioso

6 - To tell: se empleará siempre **to tell** y no **to say** para obtener informes

to tell	decir, contar
can you tell me the way to...?	puede indicarme el camino para...?

7 - Falso parentesco:

to demand	exigir, reclamar
to question	1) poner en duda; 2) someter a un interrogatorio

8 - Informes detallados:

data	datos, detalles
to ask for more detailed/further information/particulars/details/ data	pedir información más detallada, más datos, particulares, pormenores

---

Ejercicios 34-4

A Complétese:

1. We'll have to inquire... the post-office.
2. It depends... what you want.
3. You musn't send bank notes... the post.
4. Charge it... my credit card.
5. I need some information... sending money abroad.

B Tradúzcase:

1. Me gustaría saber si es posible reservar por teléfono.
2. Eso depende del tipo de coche que usted quiera.
3. Necesito informes acerca de su compañía.
4. Vale la pena informarse en el correo.
5. Solicite al banco la transferencia del dinero.
6. Ya conozco la tarifa.
7. No haga eso si puede evitarlo.

Respuestas

A 1. at; 2. on; 3. through; 4. to; 5. on

B 1. I'd like to know whether it's possible to reserve by telephone.
2. It depends on what kind of car you want.
3. I need some information about your company.
4. It is worth enquiring at the post-office.
5. Ask the bank to transfer the money.
6. I happen to know what the rate is.
7. Don't do that if you can help it.

Diálogo 1

— As you're going out, could you get a newspaper? If you have time to go into the shop, that is.
— Of course, provided you tell me[1] which one[2] you want.
— Oh, it doesn't matter which one you get, as long as[3] it gives the television programs[4].
— But I thought you didn't watch television[5].
— That depends on whether[6] there's anything good on[7].
— I see. And would you like anything else[8] while I'm down at the shop?
— Well, if you're sure it's not too much trouble, could you get me some shampoo. But only[9] if they have Silvikrin, for dry hair. That's the only one I like.

Diálogo 2

A. = Ann   P. = Patrick

A. — Patrick, can I ask you a favor?
P. — That depends on what it is. Provided it's not too complicated. What is it?
A. — Would it be all right if I borrowed your car this lunch-time[10]? I've got to pick up a few things in town, and I'll never have time otherwise. The buses are so slow.
P. — Oh, dear[11], that could be a bit inconvenient[12]. I was going to use it myself straight[13] after lunch. Does it have to be today?
A. — Well, yes. I wouldn't ask if it wasn't important. Look[14], I won't need it for more than three quarters of an hour. Couldn't you wait for me? I won't be all that long[15].
P. — All right then. You can have it[16] on condition that you bring it back here by half past one[17], at the latest. Are you sure that's long enough[18]?
A. — Yes, that'll be fine, I promise[19]. Assuming it doesn't take me too long to find somewhere to park in town, that is[20].

---

programs	['prəʊgræm]	condition	[kən'dɪʃn]
shampoo	['ʃæmpu:]	half	[ha:f]
complicated	['kɔmplɪkeɪtɪd]	assume	[a'sju:m]

1. *mientras que, a condición de que usted me diga (tú me digas).* Después de la mayoría de las conjunciones, en inglés se emplea frecuentemente el presente del indicativo (*antes de que usted salga,* before you leave).

2. *cuál quiere usted.* Which se emplea para hacer una elección restringida, entre varios elementos conocidos.

3. as long as. 1) *tanto como;* 2) *en la medida que, puesto que.*

4. television program: programa de televisión.

5. to watch television: *mirar (ver) la televisión; televidente,* TV viewer.

6. to depend on something, on someone: *depender de algo, de alguien.* Atención a la ortografía de **whether.**

7. obsérvese este empleo idiomático de on: to watch something on TV, *mirar/ver algo en la televisión;* is there a good film on? *¿hay una buena película (en la televisión)?* be on significa también, *tener lugar, hacerse.* The deal is on, *el negocio se hace.*

8. anything else: *alguna otra cosa.* Igual que la línea anterior; **anything good,** algo bueno. En **something else, something good,** etc. obsérvese la ausencia de preposición.

9. only: cuidado con la pronunciación.

10. this lunchtime: *hoy, a la hora de la comida.*

11. Oh dear: exclamación que indica contrariedad o consternación.

12. *molesto, aburrido, incómodo, inoportuno.*

13. straight: adjetivo, significa 1) *derecho, recto;* 2) *neto, simple;* adverbio, como en este caso, significa *directamente, inmediatamente.*

14. look: se emplea para llamar la atención y puede corresponder en español a *mira, fíjate, oye.*

15. *eso no me tomará tanto tiempo.* That delante de un adjetivo aislado significa *hasta este punto.*

16. *tú puedes.*

17. *por (una) hora y media.* By se emplea delante de una fecha o una hora cuando se toma en cuenta el período que la precede. **It will be finished by Monday,** *eso estará terminado para el lunes.*

18. enough, se coloca después de un adjetivo, delante de un sustantivo (**enough money**).

19. cuidado con la pronunciación ['prɔmɪs]: [ɪ] y no [aɪ].

20. that is: significado vecino de of course, *seguro, claro, eso es, de acuerdo, entendido;* cf. el español (pop.) *quiero decir.*

1 - Términos, condiciones:
Condiciones se traduce en general por **terms**: condiciones de crédito, **credit terms**, etc. Si **terms** indica las condiciones generales (**our usual terms are**...), el inglés **conditions** implica con frecuencia condiciones restrictivas o modalidades específicas y podrá también traducirse por modalidades, estipulaciones. Las dos palabras se asocian a veces en la fórmula **terms and conditions**.

2 - Cómo establecer condiciones:

on condition that	a condición de que
on one condition	con una condición
provided that	con tal que, siempre que
always provided that	siempre y cuando que
assuming (that)	presumiendo que, asumiendo que
supposing (that)	suponiendo que
in case of	en caso de
in the event of	en el caso en que
even if, even though	aun si/cuando
whether (or not)	si (o no)
unless	a menos que, salvo
failing this (failing which)	a falta de, en caso de no

3 - Estudio del término precisar:
Atención: **precise** [prɪ'saɪs] es en inglés un adjetivo. No se debe emplear como verbo. Se deberá usar **to specify, to stipulate, to state** o, según el caso, **to determine**.

4 - Formas de expresar una exigencia:

to insist on something	insistir en algo
to require	requerir, solicitar
to demand	exigir

5 - Formas de expresar una reserva:

with reservation(s)	con reserva(s)
with qualifications	con (los) requisitos
with no strings attached	sin condiciones de cómo debe utilizarse la ayuda recibida
to qualify a statement	atenuar una afirmación
a qualified agreement	un acuerdo limitado, restringido
an escape clause	una cláusula de salvedad
a get-out clause	un inciso de evasión
a proviso	una estipulación

6 - Formas de establecer o discutir condiciones:

to question	poner en duda, cuestionar
to challenge	retar, desafiar

to doubt [daut] whether	dudar, preguntarse si
to negotiate	negociar
to bargain	pactar, concertar

7 - Cómo llegar a un acuerdo de negocios:

a bargain	convenio, tratado de compraventa
a deal	pacto, trato
to come to an agreement	llegar a un arreglo
to make a deal	hacer un negocio
a contract	un contrato
an agreement	un acuerdo
to come to terms	llegar a un acuerdo, convenir

8 - Expresiones para afirmar el respeto de una serie de condiciones o de un acuerdo:

to meet requirements	responder a las necesidades, satisfacer las exigencias
to meet standards	cumplir con las normas
to comply with	acatar, observar (las leyes)
to adhere to	unirse, apegarse
to stick to (pop.)	seguir de cerca
to meet a deadline	respetar un límite, un plazo

Ejercicios

Tradúzcase:

1. ¿Puedo pedirte un favor?
2. ¿Qué periódico quieres que compre?
3. Eso no tiene importancia con tal de que (él) dé (tenga) los programas de televisión.
4. ¿Quieres (tú) otra cosa?
5. ¿Puedo pedirte prestado tu coche?
6. No lo necesitaré más de una hora.
7. Puedes tenerlo a condición de regresarlo aquí a la una y media.

Respuestas

1. Can I ask you a favor?
2. Which newspaper do you want me to buy (get)?
3. It doesn't matter as long as it gives the television (TV) programs.
4. Would you like anything else?
5. May I (can I) borrow your car?
6. I won't need it for more than an hour.
7. You can have it on condition that you bring it back here by half past one.

Diálogo 1

A. — All right, perhaps I did go[1] a bit far[2]. But you must admit that you didn't do anything to help.

B. — Listen! You started it. I've got a right to say what I think as well[3], you know!

A. — Fair enough, I was wrong[4]. I admit it. But I still don't see why I should apologize. After all, you're the one who made me lose my temper[5] in the first place[6].

C. — Oh, do stop[1] quarrelling, you two. You can't both have the last word, you know! Neither of you wants[7] to admit you're wrong, and you're both too stubborn to compromise[8], that's your trouble[9].

A. — But I've just admitted that it was my fault[10]. What more[11] do you want?

B. — Oh, don't start all that again! It was partly my fault, too.

Diálogo 2

J. = Jim   P. = Pamela

J. — Oh, not again! It's disgraceful[12]. I really don't think they should be allowed to interrupt films like that. I think advertising should be banned on television[13].

P. — Isn't that going a bit far[2]? I'll admit that it may annoy[14] people sometimes, but to ban it altogether[15]...

J. — Oh, yes, I suppose it's true that there would be practical difficulties about it, but you do see[1] my point, don't you? It's not just unpleasant, it's insulting.

P. — All right, I'll grant you that[16] just for the sake of the argument[17], but all the same[18]! The money's got to come from somewhere, however much[19] you'd prefer to think otherwise.

J. — Oh, it's all very well to say that, but I still think they go too far[2]. All right, we'll have to allow advertising, but let's not exaggerate[20].

P. — Yes, that's fair enough[4]. I'll go along with you that far. We'll have to put up with it[21] to a certain extent[22], but they shouldn't be allowed to spoil[23] the programs. We can't avoid it, so we'll just have to try and make the best of it[24].

---

apologize	[ə'pɔlədʒaɪz]	disgraceful	[dɪs'greɪsfʊl]
quarelling	['kwɔrəlɪŋ]	advertising	[ˌædvər'taɪzɪŋ]
stubborn	['stʌbən]	annoy	[ə'nɔɪ]
compromise	['kɔmprəmaɪz]	argument	['aːrgjʊmənt]

1. *yo fui verdaderamente:* forma de insistencia.
2. *un poco lejos. Muy lejos,* too far; *demasiado lejos,* far enough. Cf. too stubborn, *demasiado terco.*
3. as well (= also, too): *igualmente, también;* siempre después del elemento al que se hace referencia.
4. *es justo, me equivoqué.* Fair enough (cf. 2), lit. bastante justo; to be wrong ≠ to be right, *tener la culpa, tener razón.*
5. to lose one's temper: *perder los estribos, enojarse, ponerse colérico.* She's the one who, *ella es quien...*
6. in the first place: *en primer lugar, primeramente, al principio.*
7. neither of you (sobrentendido "two") can do it: *nadie, ninguno de ustedes dos los puede hacer:* forma negativa de either of you can do it, *cualquiera de uds. (dos) puede...* Obsérvese que neither es negativo y por lo tanto el verbo permanece en la forma positiva.
8. to compromise: *transigir, someterse a un compromiso;* to reach a compromise, *conducir a un compromiso.*
9. *ése es su problema;* lit. *ése es el problema con usted.*
10. *no es mi culpa:* it's not my fault.
11. what more: *qué más;* what else, *qué otro.*
12. *es vergonzoso, es chocante.*
13. *pienso que debería prohibirse la publicidad en la televisión.* Obsérvese la forma pasiva para darle el giro impersonal con on. To ban, *prohibir, proscribir.*
14. *admito que eso puede molestar a la gente;* to annoy es más fuerte que to bother, *molestar.* Obsérvese, I'll admit, se traduce en este caso por un presente.
15. altogether: *completamente, totalmente.*
16. *yo te lo concedo:* to grant, *conceder, otorgar, acordar.* Futuro cf. 14.
17. *sólo por el placer de discutir;* for the sake of, *por el amor de...*
18. *pero todo (es) lo mismo.*
19. *aun cuando, incluso si.*
20. let's not + verbo en infinitivo sin to = imperativo en la forma negativa.
21. to put up with: *tolerar, "acomodarse con".*
22. *en cierta medida;* se encuentra también up to a point.
23. to spoil: *dañar, gastar, estropear.*
24. to make the best of sth: *sacar el mejor partido de algo.*

1 - Otras maneras de hacer una concesión:

admittedly	por consenso general
to accept the responsibility (for)	aceptar la responsabilidad (de)
to acknowledge	reconocer (una deuda moral), admitir (una verdad, una realidad); acuse de recibo, agradecer
to concede	conceder, hacer concesiones, otorgar
to own (up)	1) reconocer, admitir, confesar que
	2) poseer
to grant	acordar, conceder, otorgar
up to a point ⎫	hasta cierto punto,
to a certain extent ⎭	en ciertos límites
to have the last word	tener la última palabra
to give and take	hacer concesiones mutuas
to meet someone halfway	hacer concesiones a
to save face	salvar las apariencias
a face-saving formula	una fórmula que permite salvar las apariencias

2 - Expresiones conexas con los acuerdos:

I agree with you about that	estoy de acuerdo con ud. en eso
I'm with you there	estoy con usted
it is true that...	es verdad que...
I have to admit that	tengo que admitir que
I take your point	acepto su punto (de vista)
I won't fight over that	no pelearé por eso
he's sticking to his position	él se apega a su posición
everyone can make mistakes	cualquiera puede equivocarse
I can't say to the contrary	no puedo decir lo contrario
you do have a strong point there	tiene ahí un argumento sólido

3 - Expresiones acerca de lo incierto:

to qualify a statement	matizar/atenuar una declaración
if (absolutely) necessary	en caso de necesidad (absoluta)
if you must ⎫	si (usted) debe, si usted
if you (really) have to ⎭	(realmente) tiene que
if that's the way you want it	si eso es lo que usted quiere
if there's no alternative	si no hay alternativa

if this be the case	si éste es el caso
I'm afraid I missed the point	temo no haber comprendido
I suppose you are right	supongo que usted tiene razón
that's all very well, but...	eso está muy bien, pero...

Ejercicios

A Añádase el equivalente de "¿no es cierto?, ¿verdad?, ¿no?", etc.:

1. It's disgraceful,...
2. You don't think they should do that,...
3. They shouldn't be allowed to spoil the programs,...
4. We'll have to try and make the best of it,...
5. The money's got to come from somewhere,...

B Tradúzcase:

1. ¿No es ir un poco lejos?
2. Concedido (se lo concedo).
3. Está (muy) bien decir eso, pero...
4. Admito que estaba equivocado.
5. Estoy de acuerdo con usted hasta cierto punto.
6. En cierta medida tenemos que aceptarlo.
7. Él dijo eso por el placer de discutir.
8. ¿Usted ve (se da cuenta de) mi argumento, verdad?
9. No exageremos.
10. Supongo que es verdad que eso presentaría algunas dificultades acerca de ello.

Respuestas

A 1. isn't it? 2. do you? 3. should they? 4. won't we? 5. hasn't it?

B 1. Isn't that going a bit far?
2. Granted. (I'll grant you that.)
3. It's all very well to say that, but...
4. I admit I was wrong.
5. I'll go along with you that far.
6. We'll have to put up with it up to a point/to a certain extent.
7. He said so for the sake of argument.
8. You do see my point, don't you?
9. Let's not exaggerate.
10. I suppose it's true there would be some practical difficulties about it.

Diálogo 1

— Do you think he'll call back?
— I really don't know. He didn't seem all that interested[1], did he[2]?
— I couldn't say. He did seem to like the flat, though.
— Yes, but I don't think he really meant[3] to buy it.
— It's difficult to tell[4]. But, I don't think so either[5].

Diálogo 2

M. = Mary   J. = John

M. — I wonder if James will pass his examination[6] next week.
J. — Of course he will[7]! I should think it's a foregone conclusion[8].
M. — But how can you be sure? These things are never certain, are they?
J. — Well, look how hard[9] he's worked for it. He's hardly likely to fail[10], is he[11]?
M. — I suppose you're right. But we mustn't forget that he may just possibly have some bad luck[12] with the questions. What about the new job he's applied for[13]?
J. — Ah, now there, it's much less certain. He might get it, I suppose, but we can't be sure. On the whole[14] I'm inclined to think it improbable, after all, I expect quite a few[15] of the other candidates will be a good deal[16] more experienced than he is.
M. — So you don't really fancy[17] his chances[18].
J. — I'm not saying that. I just don't want to stick my neck out[19], that's all. It's very difficult to make any predictions.

---

doubt	[daʊt]	possibly	[ˈpɒsɪblɪ]
interested	[ˈɪntrɪstɪd]	suppose	[səˈpəʊz]
examination	[ɪgˌzæmɪneɪʃən]	improbable	[ɪmˈprɒbəbl]
certain	[ˈsɜːt(ə)n]	experienced	[ɪksˈpɪərjənst]

1. atención → *estar interesado en algo:* to be interested in sth.
2. did he? cf. comp. 7.8 (traducción de *¿no es cierto?, ¿verdad?, ¿no?*).
3. to mean [mi:n], I meant, meant [ment]: 1) *significar, querer decir;* 2) (en este caso) *tener la intención de.*
4. atención → to tell, *decir.*
5. I don't think so either: *yo tampoco lo creo.* Pronunciación: Inglés Tradicional[ˈaɪðə], Inglés Moderno[ˈiːðə(r)]. Compárese con I don't think so, neither I do, *no lo creo, yo tampoco.*
6. to pass an examination: *pasar o aprobar un examen/prueba.* Distinto de to take an exam, *pasar un examen:* to sit for an exam (escrito).
7. *claro que sí:* se vuelve a tomar el auxiliar will.
8. I should think: *yo pienso,* con el significado de *me inclino a pensar eso.* A foregone conclusion: *una conclusión sacada de antemano, una decisión tomada con anterioridad.*
9. hard es aquí un adverbio: to work hard, *trabajar duro, duramente.* Recordatorio: how + adj. o adv.
10. *es poco probable que él fracase.* Atención: hardly, apenas, no confundir con hard, adjetivo pero también adverbio. She treats him very hard, *ella lo trata muy duramente.* Likely, *probable;* to be likely to, *ser probable que...;* to fail, *fracasar.*
11. is he? se repite con is he, puesto que hardly tiene un valor negativo.
12. luck: *suerte,* en el sentido de *buena fortuna.* To be lucky, to have luck, *tener suerte;* bad luck, *mala suerte.*
13. the new job which he has applied for. To apply for a job, *solicitar un puesto, pedir empleo.* Applicant, *candidato;* application, *solicitud de empleo.*
14. on the whole: *en conjunto, globalmente.*
15. few: *poco* (delante de un plural). A few, *algunos* (delante de un plural); quite a few, *un cierto número.*
16. a good deal, sinónimo de a lot o much.
17. to fancy: 1) *imaginarse, figurarse.* 2) *apreciar.* 3) *pensar.*
18. chance: oportunidad de ocurrencia en el sentido de *probabilidad, posibilidad de que algo suceda;* he stands a good chance, *hay buenas probabilidades de que él...*
19. to stick one's neck out: arriesgarse, correr el(los) riesgo(s), (to stick out, *extender, sacar).* I wouldn't stick my neck out this, *no me arriesgaré por eso.*

1 - Otras maneras de expresar una duda:

I wonder whether (cuidado con la ortografía, h después de w).

I wonder if	me pregunto si
I'm in the dark as to	tengo dudas en cuanto a
I'm at a loss to say	no sé cómo decir
I doubt it (atención, la b no se pronuncia [daut])	lo dudo
I find it hard to believe that	encuentro difícil creer que
it's far from obvious that	está lejos de ser obvio
it's not clear whether	no está claro si
I don't know what to make of it	no se qué hacer con eso
I find it doubtful	lo encuentro dudoso
I have my doubts	tengo mis dudas
I couldn't swear it	no podría jurarlo
I can't vouch for it	no puedo garantizarlo
let's not jump to conclusions	no saquemos conclusiones precipitadas
what if...	¿qué le parece si...?, ¿qué ocurriría si...?

2 - Otras maneras de expresar certeza:

I'm convinced that	estoy convencido de que
I'm pretty sure that	estoy casi seguro de que
I'm dead sure	estoy absolutamente seguro
I know it for sure	tengo la certeza de que
there's bound to be	habrá inevitablemente que
there's bound to occur	eso ocurrirá forzosamente
you can bank on it	usted puede contar con eso
you can bet your bottom dollar that	puede apostar su último dólar que

3 - Expresiones que simbolizan un menor grado de probabilidad:

the odds are that...	las probabilidades son de que
the chances are that...	las oportunidades son de que
it's likely to occur	es probable que eso ocurra

4 - Traducción de la expresión "*sin duda alguna*":

no doubt, doubtless, doubtlessly, undoubtedly (b no se pronuncia), unquestionably.

A Añádase un equivalente de ¿no es cierto? ¿(no es) verdad? ¿no?

1. He didn't seem interested,...
2. It's difficult to tell,...
3. These things are never certain,...
4. He's likely to fail,...
5. He's hardly likely to fail,...
6. You don't really fancy her chances,...

B Tradúzcase:

1. ¿Te habló James acerca del nuevo trabajo en el que estaba interesado?
2. Sí. (Él) Me dijo que efectivamente había propuesto su candidatura.
3. ¿Qué piensas de sus oportunidades?
4. Es muy difícil de decir. Debe de haber pocos candidatos. Es probable que algunos tengan más experiencia que él.

Respuestas

A 1. did he?
2. isn't it?
3. are they?
4. isn't he?
5. is he?
6. do you?

B 1. Did James tell you about the (that) new job he was interested in?
2. Yes, he did. He did tell me he had applied (for it).
3. What do you think of his chances?
4. It's very difficult to tell. There must be quite a few candidates. Some are likely to be more experienced then he is.

Diálogo 1

— One thing is certain. He didn't indicate before overtaking. There are two witnesses[1] who will confirm[2] that.
— Oh, he admits that, but he says that it had nothing to do with[3] the accident. Apparently he had plenty of time to slow down afterwards.
— And everyone agrees that he wasn't going all that fast[4]. And the lights[5] were green, after all. It's his not stopping after the accident[6] which will get him into trouble.

Diálogo 2

N. = Neil   D. = Deirdre

D. — What are we going to do about the holiday we've arranged down in the West Coast? It's such a shame, the Kempsons' not being able[7] to come. Do you think we'll be able to get someone else to share the cottage with us?
N. — I certainly hope so. We won't be able to afford it[8] by ourselves. But it will be difficult at such short notice[9]. The fact that they changed their mind so late will make things very awkward[10].
D. — Yes, I suppose it will[11]. But you must admit that it wasn't their fault. It's just that they couldn't get the time off work[12], as they'd hoped.
N. — Yes, I do realize that. I'm just saying that they've left us with a problem. Frankly, I was surprised at their wanting[13] to come with us in the first place[14]. I never really thought we could count on them.
D. — Well, they did warn us[15] that they couldn't be definite until nearer the time[16], so I suppose it's really our own fault. We should have been prepared.

certain	['sɜ:tn]	apparently	[ə'pærəntlɪ]
indicate	['ɪndɪkeɪt]	afterwards	['a:ftəwədz]
admit	[əd'mɪt]	awkward	['ɔ:kwəd]
accident	['æksɪdənt]	definite	['defɪnɪt]

e truth, I'd be surprised if he brought her with him.
n't we just ask him?
sked him he would have realized that we know they
g out together[1].
at about it[2]? It's not for us to decide what friends he
ave, but we can talk[3] about them, can't we?
all the same, we wouldn't want to give the impres-
we were interfering or anything like that.
to telephone him. That's the only thing to do. He
erstand that I'll know how many people are

. = Mr Wright   M. = Mr McDowell

suppose that Mr Brown would be interested[4] in co-
over[5] for the week?
t he would[6]. He may not be able to spare[7] the time,
en if he can't get away[8], he'd certainly appreciate
vitation.
ut now you mention it, for him to[9] be able to ar-
hings at such short notice would be rather unusual,
ou think? It may be easier if we postponed[10] the
thing.
y, but for us to put it off[11] now would be really in-
ient for every one else. Of course we'd all be pleas-
could come; but if he can't, we'll just have to make
t of it[12].
And I suppose that whatever week we chose[13],
ave the same problem.
t even now that the date has been fixed, there's no
asking[14] him. You never know, if we try hard
[15], we may be able to persuade him.
o, but I'd be surprised. After all, it's probably out
uestion for him to drop[16] everything just like that!

| [ɪntəˈfɪər] | unusual | [ʌnˈjuːʒʊəl] |
| [əˈpriːˌleɪt] | persuade | [pɜː(r)ˈsweɪd] |

1. witness: *testigo;* to witness something, *ser testigo de alguna cosa;* to bear witness (to something), *testificar sobre algo.*
2. who will confirm: will, marca del futuro, indica igualmente aquí la idea de voluntad: *que están prestos a confirmarlo.*
3. nothing to do with: *nada que ver con, ninguna relación con.*
4. all that fast, *tan aprisa.* That, antes de un adjetivo, equivale a *hasta este punto.*
5. lights: se refiere a los traffic lights: *semáforos. Pasarse un alto,* to drive against a red light.
6. his not stopping after the accident: *el hecho de que no se detuvo después del accidente.*
7. the Kempsons' not being able: (*el hecho de que*) *los Kempson no puedan.* En inglés los apellidos se pueden poner en plural. *Los Martin,* the Martins. El caso posesivo viene entonces después de la s del plural.
8. to afford: *poder permitirse* (con frecuencia, financieramente hablando). *No puedo permitirme comprarlo,* I can't afford to buy it.
9. at such short notice: *en un plazo tan corto.* To give notice (obsérvese la ausencia de artículo), *dar (o mandar) un aviso.*
10. awkward: 1) *zurdo, torpe* (persona); 2) *embarazoso, molesto* (situación).
11. I suppose it will. Repetición del auxiliar (sobreentendido **make things very awkward**).
12. to get time off work: *tomar un descanso, liberarse de su trabajo.* Cf. to have/take a day off, *tener/tomar un día de descanso.*
13. I was surprised at their wanting, *estaba sorprendido de que ellos quisieran...* Los verbos que indican sorpresa se construyen con la preposición at.
14. in the first place: *al principio, desde el comienzo, en primer lugar.*
15. they did warn us: did de refuerzo, *ellos nos previnieron, es verdad que ellos nos avisaron.*
16. couldn't be definite until nearer the time: *no podrá ser definitivo sino hasta una fecha más cercana.* Definite, *firme, definido, preciso, formal, categórico.*

1. *ellos salen juntos;* indica relaciones regulares, una conexión.

2. what about it?; *¿qué hay acerca de eso?*

3. Talk [ta:k]: la l no se pronuncia. Lo mismo con to walk.

4. to be interested in something: *interesarse en algo.*

5. to come over: *venir* (recorriendo una cierta distancia). Un americano dirá a un extranjero: won't you come over to the United States for a holiday? *¿no quiere venir a pasar sus vacaciones en Estados Unidos?*

6. *yo pienso que sí* (eso no me admiraría); to expect, *esperar que, contar con que.*

7. to spare: 1) *economizar, manejar;* 2) *privarse, pasar sin.* I cannot spare the time, *no puedo escatimar el tiempo, me falta tiempo.* Can you spare me a few minutes? *¿puede concederme algunos minutos?*

8. he can't get away: *él no puede liberarse.*

9. for him to: *para él el hecho de* sujeto de would be.

10. to postpone: *posponer, cambiar para más tarde.*

11. for us to put it off: *para nosotros el hecho de.* To put off: *diferir, postergar.*

12. to make the best of it: *salir lo mejor posible de, contentarse con.*

13. whatever week we chose: *cualquiera que sea la semana escogida (que escojamos;* to choose, I chose, chosen. Chose es aquí un pretérito modal con valor de subjuntivo. Whatever, *cualquiera;* whenever, *cada vez que;* wherever, *dondequiera que.*

14. there's no harm in: *eso no hace mal si, no hay nada malo en, se puede siempre...* + forma terminada en -ing.

15. hard: puede ser adjetivo o como en este caso, adverbio. To work hard, *trabajar duro* (= *duramente*). No confundir con hardly que significa *a duras penas.*

16. it's out of the question for him to drop: *está fuera de dudas que él lo abandone, que él lo olvide.*

1 - Obsérvese la equivalencia entre:
It would be surprising if he came y
For him to come would be surprising;
it would have been surprising if he had come y
for him to have come would have been surprising.

2 - Relación entre dos proposiciones:
Puede hacerse:
- Por el empleo de una conjunción:
  although she tried several times, she never succeeded: *aunque ella trató varias veces, nunca lo logró.*
- Poniendo la primera oración en infinitivo, para indicar un postulado y sus consecuencias:
  to answer no would be dangerous: *responder no sería peligroso.*
  to do it now would be madness: *hacerlo ahora sería la locura.*
- Utilizando la forma terminada en **-ing** para indicar un punto de partida:
  the situation being what it is, I consider... *siendo la situación la que es, considero que...*
  having met him only once, I cannot... *habiéndolo tratado* (conocido) *sólo una vez, no puedo...*

3 - Verbos que indican una actividad intelectual:

to think	pensar
to imagine	imaginar
to fancy	1) creer, suponer
	2) ser afecto a, gustarle a uno
to contemplate (+ -ing)	contemplar, reflexionar
to consider (+ -ing)	considerar, tener en cuenta
to plan	1) hacer proyectos, planes
	2) planificar
to scheme	proyectar, idear
to meditate	meditar
to ponder	deliberar sobre, meditar
to grasp	comprender, captar
to bear in mind	tener presente, recordar
to harbor a thought	albergar, abrigar un pensamiento
to weigh the pros and cons	sopesar los pros y contras
to have thoughts of (doing)	acariciar la idea de
to pull one's wits together	recobrar, apoderarse de nuevo
to mull something over	reflexionar sobre

4 - Otras palabras y expresiones:

notion	una noción, un concepto, una opinión.
an idea	una idea

a thought	un pensamiento
intelligent	inteligente
frecuentemente se sustituye en el lenguaje común y corriente por	**smart** y **clever**
imagination	imaginación (intelectual)
fancy	fantasía
mind	mente, intelecto
brain	cerebro
a brain wave	una idea genial, luminosa
to have brains (pop.)	tener sesos
wit	ingenio, entendimiento
wits	inteligencia, razón
to lose one's wits	perder el juicio
wisdom	sabiduría

Atención a la diferencia entre **consciousness**, *conciencia* (con el significado de estar consciente de algo) y **conscience**, *conciencia moral*. **I don't see your drift, I don't see what you are driving at**, *no veo a dónde quiere llegar.*

Ejercicios

Tradúzcase:

1. ¿Por qué no le preguntamos?
2. No nos toca decidir.
3. ¿Estarían interesados en venir?
4. Cualquier semana que escojamos, tendremos el mismo problema.
5. No hay nada malo en preguntar.
6. Está fuera de (toda) pregunta.
7. ¿Podemos hablar acerca de eso, verdad?
8. Posponer eso ahora sería molesto/inconveniente.

Respuestas

1. Why didn't we ask him (her)?
2. It is not for us to decide.
3. Would they be interested in coming?
4. Whatever week we choose, we'll have the same problem.
5. There's no harm in asking.
6. It is (this is) out of the question.
7. We can talk about it, can't we?
8. Putting it off (postponing it) now would be inconvenient.

Conclusion

Diálogo

— How did the meeting go[1] yesterday? I had to leave before the end.
— Oh, we decided at long last[2] to get the job done. We'd been discussing[3] it for so long that we just wanted to get it over with[4].
— So it's been decided once and for all? Or do you think anyone will want to change his mind about it?
— No, I think it's definite this time. I don't see how we could go back on it now. The decision was unanimous, and everyone seemed satisfied[5]. Or at least pleased that it was over.

Speech

And finally[6], Ladies and Gentlemen, I would like to take this opportunity of thanking all those who have contributed in their different ways to the success[7] of this project. As I understand it, the original idea came from Mr Moore; we owe him a great deal[8]. But we must not forget the part played by Mr Bennett, to whom[9] we are all grateful for his constant advice[10] and encouragement; his suggestions have proved invaluable[11]. And, last but not least[12], special thanks are due to Mr Harrison, who took on the job as Head of project at a critical time, and who, by co-ordinating everyone's efforts[13], managed[14] to bring it to a successful[15] conclusion.

And now let me end by wishing[16] you all every success in the future. Thank you all very much.

definite	['defɪnɪt]	original	[ə'rɪdʒɪnl]
unanimous	[juː'nænɪməs]	encouragement	[ɪn'kʌrɪdʒmənt]
opportunity	[ɔpə'tjuːnɪtɪ]	effort	['efət]
to contribute	[kən'trɪbjuːt]	successful	[sə'ksesful]

1. *¿cómo estuvo la reunión?*
2. *at long last.* Refuerzo de **at last,** *al fin* (con el significado de buen tiempo el hacerlo).
3. *habíamos estado discutiendo desde hace mucho tiempo.* Cf. *hemos estado discutiendo eso durante mucho tiempo,* we have (we've) been discussing it for a long time.
4. *terminar.* Cf. *terminemos (con eso), let's get it over with!*
5. satisfied se construye con la preposición **with** para introducir un complemento. *Estar satisfecho de sus resultados,* to be satisfied with his/her/one's results.
6. *finally, finalmente,* Cf. in the end, *al fin y al cabo.*
7. success [sə'kses]. El verbo es to succeed. Cf. 15.
8. great deal, *mucho:* menos popular que **a lot.** Much se emplea sobre todo en las formas negativas e interrogativas.
9. la forma **whom** tiende a ser reemplazada por **who,** salvo inmediatamente después de una preposición. **Who did you speak to?** más frecuente que **to whom did you speak.**
10. advice: *los consejos.* Colectivo singular. *Un consejo,* a piece of advice. Verbo: to advise, *aconsejar.*
11. *que no tiene precio, inestimable;* to value, *valorar.*
12. *el último en orden pero no en importancia.* Frecuentemente cuando se termina una enumeración con un elemento importante.
13. *hacer un esfuerzo,* to make an effort.
14. managed. Atención a la pronunciación: to **manage, manager, management,** van acentuadas en la primera sílaba.
15. successful: adjetivo formado sobre **success** [sə'kses]; tenga cuidado en acentuar bien esta palabra en la segunda sílaba. ¡Atención! el verbo correspondiente es to succeed [sə'ksi:d].
16. *terminaré por desear a todos... Obsérvese el imperativo* (let me end), y la forma terminada en -ing de **whishing,** después de **by.**

---

1 - Otras formas para concluir:

to conclude	concluir
in conclusion	en suma, por último
as a conclusion	como conclusión
to draw conclusions	sacar conclusiones
to jump to conclusions	sacar conclusiones precipitadamente
the upshot is that	total que
to wind up a speech	finalizar un discurso
to sum up ≠ to summarize	resumir (sacando una conclusión) ≠ hacer un resumen de hechos

2 - Expresiones para la terminación de un evento:

to end, to come to an end	terminar, llegar a su fin
to draw to a close	aproximarse a su término
to run out of time	acabársele a uno el tiempo
deadline	plazo límite.

3 - Terminar, poner un término a:

to end	terminar
to put an end to	poner fin a
to finish (off)	acabar, completar
the finishing touches	los toques finales
to complete	terminar; llevar a su fin, acabar, terminar por completo (estudios, cursos, carrera, estancia)
to complete a training period	completar un periodo de instrucción/entrenamiento
to put paid to something (pop.)	finalizar algo para que no dé más problemas
to call it a day (pop.)	dar por terminado el día

4 - Tener ya suficiente con/estar cansado de:

it's the last straw (that breaks the camel's back)	lit: es la última paja (que rompe la espalda del camello) = es la gota que derramó el vaso
that's the limit	eso es el colmo
I've had it	ya no aguantó más

5 - Atención:

in the end	a la larga, al fin y al cabo
at the end	al final (de una historia, de un documento)
finally	finalmente
lastly	en último lugar, en conclusión
at last	al fin, indica una espera, una emoción; no se emplea pues al final de una enumeración

A Tradúzcase:

1. ¿Cómo estuvo la reunión ayer? 2. Todos estaban contentos de que esto terminara. 3. ¡Terminemos con eso! 4. No veo cómo podríamos reconsiderar esa decisión. 5. Esto ha sido decidido de una vez por todas. 6. No pienso que ella cambiará (cambie) de opinión. 7. Nosotros estamos agradecidos con él (ella) por sus consejos.

B Tradúzcase esta carta:

Dear Mr Brown,

Thank you for your letter of the 7th of October. My visit turned out in the end to be very useful, and I can confirm that, thanks to Mr Stanley, we have been able to sort out the problem of lodging for our students.

There are still a few questions to be settled, regarding the criteria and methods of selection. Once this has been taken care of we will be able to sign the agreement.

Thank you again for your valuable help.

Yours sincerely,
J.A. SMITH

Respuestas

A How did the meeting go yesterday? (How did yesterday's meeting go?) 2. Everyone was pleased that it was over. 3. Let's get it over with. 4. I don't see how we could go back on that decision. 5. It's been decided once and for all. 6. I don't think she'll change her mind. 7. We are all grateful to him (her) for his (her) advice.

B Carta:

Querido Sr. Brown:

Gracias por su carta del 7 de octubre. Mi visita fue finalmente muy útil y puedo confirmarle que, gracias al Sr. Stanley, hemos podido arreglar el problema del alojamiento para nuestros estudiantes.

Hay todavía algunas preguntas referentes a los criterios y método de selección. Cuando esto se lleve a cabo, firmaremos el convenio.

Gracias nuevamente por su valiosa ayuda.

Sinceramente
J.A. SMITH

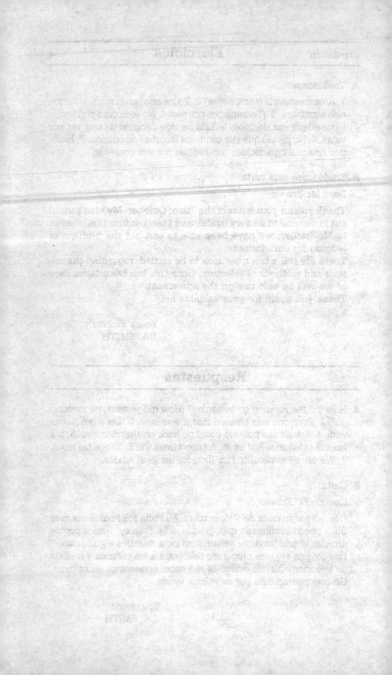

Ejercicios

Preguntas y Respuestas

- Estas preguntas se refieren al segundo diálogo de cada unidad.
- Los ejercicios pueden hacerse individualmente o en grupo.
- En los casetes que acompañan a este método, los ejercicios aparecen después del segundo diálogo grabado.

Suggestions

Questions:

1. When will it be Carol's birthday?
2. Why don't they want to go to the movies?
3. Why do they decide not to go to the theatre?
4. What must they buy for their party, and who will they invite?
5. Who is going to make all the arrangements?

Answers:

1. It will be next week.
2. They don't want to go to the movies because it's too boring.
3. They decide not to go to the theatre because it's rather expensive.
4. They must get enough food and drink for their party, and they will invite all their friends.
5. James and Mary are going to make all the arrangements.

Directions

Questions:

1. Is the visitor walking, or travelling by car?
2. Where does the visitor want to go?
3. What must the visitor have done wrong?
4. How far is it to the station and how long will it take to walk there?
5. Should the visitor walk away from downtown, or towards it?

Answers:

1. The visitor isn't travelling by car, he's walking.
2. He wants to go to the station.
3. He must have taken a wrong turning.
4. It's about half a mile to the station, and it will take about a quarter of an hour to walk there.
5. He shouldn't walk away from downtown, he should walk towards it.

Sugerencias

Preguntas:

1. ¿Cuándo será el cumpleaños de Carol?
2. ¿Por qué no quieren (ellos) ir al cine?
3. ¿Por qué deciden no ir al teatro?
4. ¿Qué deben comprar (ellos) para su fiesta y a quiénes van a invitar?
5. ¿Quién se va a ocupar de preparar todo?

Respuestas:

1. Será la semana próxima.
2. Ellos no quieren ir al cine porque es muy aburrido.
3. Ellos deciden no ir al teatro porque es un tanto caro.
4. Es necesario proveerse de suficiente comida y bebida para la noche y ellos invitarán a todos sus amigos.
5. James y Mary se ocuparán de preparar todo.

Indicaciones

Preguntas:

1. ¿Va el turista a pie o en automóvil?
2. ¿A dónde quiere ir el turista?
3. ¿Qué error podría haber cometido el turista?
4. ¿A qué distancia está la estación y cuánto tiempo se necesita para llegar ahí a pie?
5. ¿Debe el visitante alejarse del centro de la ciudad o dirigirse hacia él?

Respuestas:

1. El turista no viaja en coche, va caminando.
2. Él quiere ir a la estación.
3. Él debió haber dado vuelta en un lugar equivocado.
4. La estación está a unos 600 m. y se necesitará cerca de un cuarto de hora para llegar ahí.
5. Él no debe alejarse del centro de la ciudad, sino caminar hacia él.

Invitations

Questions:

1. What does Mary want to tell John?
2. Why does John say he won't be able to come?
3. When is John's brother coming to stay?
4. Why should John bring his brother to the party?
5. What does John offer to bring with him to the party?
6. Why won't they be able to go on too late?

Answers:

1. Mary wants to tell John that they're having a party next week.
2. He says he won't be able to come because his brother is coming to stay.
3. His brother is coming to stay next weekend.
4. He should bring his brother to the party because the others would like to meet him.
5. John offers to bring a few bottles to the party.
6. Because the neighbours grumble if they make too much noise.

Instructions

Questions:

1. Where do Mr Baker and Mr Jones meet Mr Stewart?
2. Why do they need to organize things?
3. Which questions will Mr Jones have to answer?
4. What aspect will Mr Baker have to look after?
5. What will they have to ask Mr Stewart's secretary about?

Answers:

1. They meet Mr Stewart in his office.
2. They need to organize things for the Press Conference this afternoon.
3. Mr Jones will have to answer the questions on finance.
4. Mr Baker will have to look after the public relations aspect.
5. They will have to ask Mr Stewart's secretary about the details.

Preguntas:

1. ¿Qué quiere Mary decir a John?
2. ¿Por qué dice John que él no podrá venir?
3. ¿Cuándo vendrá el hermano de John a quedarse?
4. ¿Por qué debe John llevar a su hermano a la fiesta?
5. ¿Qué es lo que John ofrece llevar a la fiesta?
6. ¿Por qué no podrán irse muy tarde?

Respuestas:

1. Mary quiere decir a John que ellos tendrán una fiesta la semana siguiente.
2. Él dice que no podrá venir porque su hermano viene a pasar unos días.
3. Su hermano viene a quedarse el próximo fin de semana.
4. Él debe llevar a su hermano a la fiesta porque a los otros les gustaría conocerlo.
5. John ofrece llevar algunas botellas a la fiesta.
6. Porque los vecinos protestan si ellos hacen mucho ruido.

Preguntas:

1. ¿En dónde se reunirán el Sr. Baker y el Sr. Jones con el Sr. Stewart?
2. ¿Por qué necesitan (ellos) organizar las cosas?
3. ¿Qué preguntas tendrá que contestar el Sr. Jones?
4. ¿De qué aspecto tendrá que ocuparse el Sr. Baker?
5. ¿Qué tendrán que preguntar ellos a la secretaria del Sr. Stewart?

Respuestas:

1. Ellos se reunirán con el Sr. Stewart en su oficina.
2. Ellos necesitan organizar las cosas para la Conferencia de Prensa, esta tarde.
3. El Sr. Jones tendrá que responder a las preguntas de finanzas.
4. El Sr. Baker tendrá que ocuparse del aspecto de relaciones públicas.
5. Ellos tendrán que preguntar los detalles a la secretaria del Sr. Stewart.

Making Plans

Questions:

1. What are James and Mary going to organize?
2. What will Carol be responsible for?
3. How will Carol contact the people she hasn't seen yet?
4. What time should the guests arrive, and what should they bring?
5. Should they invite the neighbours?
6. Why should they move the furniture and roll back the carpet?

Answers:

1. They are going to organize the food and drink for the party.
2. Carol will be responsible for the invitations.
3. She will telephone them tomorrow.
4. The guests should arrive between eight and nine, and they should bring a bottle or something to eat if they can.
5. Yes they should, because it will stop them from grumbling about the noise.
6. They should move the furniture to make more room, and they should roll back the carpet in case anything gets spilt.

Insistence

Questions:

1. What does John want to borrow from Mary?
2. Why does he need the money?
3. When will he take Mary out to dinner?
4. Why did John miss the bus?
5. What will happen if the shops close before he gets there?

Answers:

1. He wants to borrow five dollars from Mary.
2. He needs the money because he wants to go to the shops in a taxi.
3. He will take Mary out to dinner next week.
4. He missed the bus because he spent so long talking to Mary.
5. If the shops close before he gets there, they won't have anything to eat tonight.

Haciendo planes

Preguntas:

1. ¿Qué van a organizar James y Mary?
2. ¿De qué será responsable Carol?
3. ¿Cómo se pondrá en contacto Carol con la gente que aún no ha visto?
4. ¿A qué hora deberán llegar los invitados y qué deberán traer?
5. ¿Deberán (ellos) invitar a los vecinos?
6. ¿Por qué deberán mover los muebles y enrollar la alfombra?

Respuestas:

1. Ellos van a ocuparse de la comida y de la bebida para la fiesta.
2. Carol será la responsable de las invitaciones.
3. Ella les hablará por teléfono mañana.
4. Los invitados deberán llegar entre las 8 y las 9 horas y deberán traer una botella o algo de comer si pueden.
5. Sí, porque eso les impedirá quejarse del ruido.
6. Ellos deberán mover los muebles para hacer lugar y enrollar la alfombra en caso de que algo se derrame.

Insistencia

Preguntas:

1. ¿Qué es lo que John quiere pedir a Mary?
2. ¿Por qué necesita él dinero?
3. ¿Cuándo invitará (él) a cenar a Mary?
4. ¿Por qué John perdió el autobús?
5. ¿Qué pasará si los almacenes cierran antes de que él llegue ahí?

Respuestas:

1. Él quiere pedir 5 dólares a Mary.
2. Él necesita dinero porque (él) quiere ir a los almacenes en taxi.
3. Él llevará a cenar a Mary la próxima semana.
4. Él perdió el autobús porque pasó mucho tiempo hablando con Mary.
5. Si los almacenes cierran antes de que él llegue, ellos no tendrán nada que comer esta noche.

Clarification

Questions:

1. Why should John ask for a return ticket?
2. When must you come back if you are using a cheap day return ticket?
3. Can a cheap day return ticket be used all day, or only after the rush hour?
4. What will happen if John stays in town overnight?
5. What should John do if he needs more information?

Answers:

1. He should ask for a return ticket because it's cheaper that way.
2. If you are using a cheap day return ticket you must come back on the same day.
3. It can't be used all day, but only after the rush hour.
4. If he stays in town overnight he will have to pay more.
5. If he needs more information he should ask for it.

Persuasion

Questions:

1. Why is Mr Baker supposed to be going to the meeting tomorrow?
2. Why can't he go to the meeting?
3. What does he want Mr Jones to do for him?
4. Does Mr Jones have all the necessary information?
5. What arrangements will Mr Jones have to make?
6. Whose career will the meeting be good for?

Answers:

1. He is supposed to be going to the meeting to represent the department.
2. Because he won't be able to get back from New Mexico in time.
3. He wants Mr Jones to replace him at the meeting.
4. Yes, he knows everything that's in the file.
5. He may have to change his appointments.
6. It'll be good for Mr Jone's career.

Aclaración

Preguntas:

1. ¿Por qué debe pedir John un boleto de ida y vuelta?
2. ¿Cuándo deberá regresar usted si usa un boleto de ida y vuelta con descuento válido hasta por un día?
3. ¿Un boleto de ida y vuelta con tarifa de descuento por un día, puede ser utilizado todo el día o solamente después de las horas de mayor afluencia?
4. ¿Qué sucederá si John pasa la noche en la ciudad?
5. ¿Qué debe hacer John si le hace falta más información?

Respuestas:

1. Él deberá pedir un boleto de ida y vuelta porque es más barato.
2. Con un boleto de ida y vuelta con tarifa de descuento hay que regresar el mismo día.
3. No puede ser utilizado todo el día, sino sólo después de las horas de mayor afluencia.
4. Si pasa la noche en la ciudad, le costará más caro.
5. Si él tiene necesidad de más información deberá pedirla.

Persuasión

Preguntas:

1. ¿Por qué está el Sr. Baker obligado a ir a la reunión mañana?
2. ¿Por qué no puede ir a la reunión?
3. ¿Qué quiere que el Sr. Jones haga por él?
4. ¿El Sr. Jones dispone de toda la información necesaria?
5. ¿Qué disposiciones debe tener que tomar el Sr. Jones?
6. ¿La carrera de quién será favorecida con la reunión?/¿Qué carrera...?

Respuestas:

1. Él está obligado a ir a la reunión para representar a su departamento.
2. Porque no podrá estar de regreso en Nuevo México a tiempo.
3. Él quiere que el Sr. Jones lo sustituya en la reunión.
4. Sí. Él conoce todo lo que hay en el expediente.
5. Él podría tener que modificar sus citas.
6. Se favorecerá la carrera del Sr. Jones.

Unit 9   **Dissuasion**

Questions:

1. What is Mr O'Connor supposed to do tomorrow night?
2. Should Mr O'Connor go to the dinner?
3. Why doesn't he want to go to the dinner?
4. What excuse could he make?
5. Would it be a mistake for him not to go?

Answers:

1. Mr O'Connor is supposed to go to a dinner tomorrow night.
2. Yes, he should, because he accepted the invitation and now everyone expects him.
3. He doesn't want to go to the dinner because he's just too tired.
4. He could say that he's got a prior appointment.
5. Yes it would, because it could be useful and he may enjoy it when he gets there.

Unit 10   **Explanation**

Questions:

1. Is the director in his office, or has he decided to go on leave?
2. What may he have been worried about?
3. Why may he have felt that he needed a rest?
4. What other factors may have affected his decision?
5. Is there a single reason for his behavior, or are the underlying causes fairly complex?

Answers:

1. The director isn't in his office, he has decided to go on leave.
2. He may have been worried about his financial situation.
3. He may have felt that he needed a rest because of this problems.
4. He may have felt depressed about family matters.
5. There isn't a single reason. The underlying causes are fairly complex.

Disuasión

Preguntas:

1. ¿Qué es lo que el Sr. O'Connor piensa hacer mañana en la noche?
2. ¿Debe ir el Sr. O'Connor a la cena?
3. ¿Por qué no quiere ir a la cena?
4. ¿Qué excusa podría dar?
5. ¿Sería un error para él no ir?

Respuestas:

1. El Sr. O'Connor piensa ir a una cena mañana en la noche.
2. Sí, porque él aceptó la invitación y ahora todos lo esperan.
3. No quiere ir a la cena simplemente porque (él) está muy cansado.
4. Él podría decir que él ha aceptado un compromiso previo.
5. Sí, porque eso podría ser útil y él podría divertirse una vez que esté ahí.

Explicación

Preguntas:

1. ¿El director está en su oficina o decidió salir?
2. ¿Qué podía haberlo inquietado?
3. ¿Por qué podría haber sentido que necesitaba descansar?
4. ¿Qué otros factores pueden haber intervenido en su decisión?
5. ¿Existe una razón única para su conducta o las causas subyacentes son un tanto complejas?

Respuestas:

1. El director no está en su oficina, él decidió tomar un descanso.
2. Él podía haberse inquietado respecto de su situación financiera.
3. Él quizás pensó tenía necesidad de descanso a causa de sus problemas.
4. Él podía haberse sentido deprimido por sus problemas familiares.
5. No hay una razón única. Las causas subyacentes son un tanto complejas.

Apologizing

Questions:

1. Was Peter late, or was he early?
2. Why did Peter spill his drink?
3. Where did Peter spill his drink?
4. Did Peter spill his drink on purpose, or was it an accident?
5. What will Jane do in the morning?

Answers:

1. Peter wasn't early, he was late.
2. He spilt his drink because someone tried to push past him.
3. He spilt his drink down the front of Jane's dress.
4. He didn't spill his drink on purpose, it was an accident.
5. Jane will take her dress to be cleaned in the morning.

Thanks

Questions:

1. What does Peter ask John to do for him?
2. Why does Peter need John's help?
3. Can't Peter catch the bus?
4. Why will they have to be quick?
5. When will John have to be back?

Answers:

1. Peter asks John to do him a favor.
2. Peter asks for John's help because he has to catch the next train.
3. No he can't, it will never get there in time.
4. They will have to be quick because John will have to be back in half an hour.
5. He will have to be back in half an hour.

Excusas

Preguntas:

1. ¿Peter estaba adelantado o retrasado?
2. ¿Por qué derramó Peter su bebida?
3. ¿En dónde la derramó?
4. ¿Lo hizo deliberadamente o fue un accidente?
5. ¿Qué hará Jane en la mañana?

Respuestas:

1. Peter no estaba adelantado, estaba retrasado.
2. Él derramó su bebida porque alguien lo empujó al tratar de pasar.
3. Él derramó su bebida en el frente del vestido de Jane.
4. Él no la derramó deliberadamente, fue un accidente.
5. Jane llevará su vestido a la tintorería en la mañana.

Agradecimiento

Respuestas:

1. ¿Qué es lo que Peter pidió a John que hiciera por él?
2. ¿Por qué Peter necesita de la ayuda de John?
3. ¿Peter no puede tomar el autobús?
4. ¿Por qué (ellos) tendrán que hacerlo rápido?
5. ¿Cuándo tendrá John que estar de regreso?

Respuestas:

1. Peter pide a John que le haga un favor.
2. Peter pide a John ayuda porque él tiene que tomar el próximo tren.
3. No, porque nunca llegará ahí a tiempo.
4. Tendrán que hacerlo rápido porque John tiene que estar de regreso en media hora.
5. Tendrá que estar de regreso en media hora.

Unit 13   **Preferences**

Questions:

1. When is Peter going to New Mexico?
2. Is he going to travel by car or by train?
3. Is the car cheaper than the train, or is it more expensive?
4. Why does Peter prefer the train?
5. Which timetable suits him better?
6. Why is the car simpler?

Answers:

1. Peter is going to New Mexico tomorrow.
2. He isn't going to travel by car, he's traveling by train.
3. The car isn't more expensive than the train, it's cheaper.
4. Because he doesn't like being stuck in his seat the whole time.
5. The train timetable suits him better because he doesn't want to miss lunch.
6. The car is simpler because it saves going all the way to the train station.

Unit 14   **Congratulations**

Questions:

1. Why does Peter look pleased with himself?
2. When did Peter have to take an exam?
3. Why would it have been ridiculous if the examiners had failed him?
4. What course will he be able to take now?
5. What does Peter need in order to do an M.A.?

Answers:

1. Peter looks pleased with himself because he passed his exam.
2. He had to take an exam a week or two ago.
3. Because he had put in a lot of work.
4. He will be able to take an M.A. course now.
5. He needs a grant in order to do an M.A.

Preferencias

Preguntas:

1. ¿Cuándo va a ir Peter a Nuevo México?
2. ¿Va a viajar en auto o en tren?
3. ¿Es más barato el auto que el tren o más caro?
4. ¿Por qué prefiere Peter el tren?
5. ¿Qué horario le conviene más?
6. ¿Por qué el auto es más sencillo?

Respuestas:

1. Peter va a Nuevo México mañana.
2. Él no viajará en auto, él va a viajar en tren.
3. El coche no es más caro que el tren, es más barato.
4. Porque no le gusta estar fijo en su lugar (durante) todo el viaje.
5. El horario del tren le conviene más porque no quiere perderse la comida.
6. El coche es un medio más sencillo, porque evita desplazarse hasta la estación.

Lección 14 **Felicitaciones**

Preguntas:

1. ¿Por qué Peter parece contento consigo mismo?
2. ¿Cuándo tuvo Peter que presentar su examen?
3. ¿Por qué habría sido ridículo si los examinadores lo hubieran reprobado?
4. ¿Qué cursos va a poder tomar ahora?
5. ¿Qué es lo que Peter necesita para hacer una maestría?

Respuestas:

1. Peter está contento consigo mismo porque pasó su examen.
2. Tuvo que presentar un examen hace una semana o dos.
3. Porque él había trabajado mucho.
4. Ahora él va a poder estudiar una maestría.
5. Él necesita una beca para hacer una maestría.

Complaints

Questions:

1. Who keeps Mr Stewart waiting?
2. Why does Mr Stewart want to make a complaint?
3. Did Mr Stewart sleep well?
4. Why wasn't Mr Stewart satisfied by the breakfast this morning?
5. What is he going to insist on?
6. Why does Mr Stewart ask to see the manager?

Answers:

1. The receptionist keeps Mr Stewart waiting because she's rather busy.
2. Mr Stewart wants to make a complaint because he didn't sleep well.
3. No he didn't; he was kept awake half the night by the people in the next room.
4. Because the tea was cold and the waitress refused to bring him another pot.
5. He is going to insist on having the breakfast charge taken off his bill.
6. Because he doesn't like the way he's been treated and he feels he has a legitimate complaint.

Surprise

Questions:

1. Why can't Mr Jones make a habit of going to the theatre?
2. Why did he go to the theatre last week?
3. How much did Mr Jones theatre seats cost?
4. How much have theatre seat prices increased in the past five years?
5. What did Mr Jones think about the bill in the restaurant afterwards?

Answers:

1. Because he can't afford it.
2. He went to the theatre last week because it was a special occasion.
3. Mr Jones' theatre seats cost something over 2 dollars each.
4. Theatre seat prices have doubled in the last five years.
5. He was really surprised and he thought there must have been a mistake.

Reclamaciones

Preguntas:

1. ¿Quién hace esperar al Sr. Stewart?
2. ¿Por qué el Sr. Stewart quiere hacer una reclamación?
3. ¿Ha dormido bien el Sr. Stewart?
4. ¿Por qué el Sr. Stewart no estaba contento con el desayuno de esta mañana?
5. ¿Qué va a exigir él?
6. ¿Por qué pide ver al gerente?

Respuestas:

1. La recepcionista hace esperar al Sr. Stewart porque está muy ocupada.
2. El Sr. Stewart quiere hacer una reclamación porque él no durmió bien.
3. No, porque la gente de la recámara vecina le impidió dormir la mitad de la noche.
4. Porque el té estaba frío y la mesera no quiso traerle otro.
5. Él va a exigir que el precio del desayuno no sea cargado en su nota.
6. Porque él desaprueba la manera en que (él) ha sido tratado y estima que su reclamación es justificada.

Sorpresa

Preguntas:

1. ¿Por qué el Sr. Jones no puede ir al teatro regularmente?
2. ¿Por qué fue él al teatro la semana pasada?
3. ¿Cuánto costaron los boletos del teatro del Sr. Jones?
4. ¿Cuánto subieron los precios de los lugares del teatro en los últimos cinco años?
5. ¿Qué pensó después el Sr. Jones de la nota del restaurante?

Respuestas:

1. Porque él no puede permitírselo (financieramente).
2. Él fue al teatro la semana pasada porque era una ocasión especial.
3. Las entradas al teatro del Sr. Jones costaron cerca de 2 dólares cada una.
4. Los precios de las entradas del teatro se han duplicado durante los últimos cinco años.
5. Él realmente se sorprendió y pensó que debería de haber un error.

Worries

Questions:

1. What is Mary worried about?
2. Why does John tell her to stop worrying about the train?
3. Does John want to arrive early?
4. Why does Mary prefer to be on the safe side?
5. What will happen if they miss the train?

Answers:

1. Mary is worried about missing the train.
2. Because they don't have to leave twenty minutes in advance.
3. No he doesn't, as he doesn't want to waste time at the station.
4. Mary prefers to be on the safe side because they may get stuck in the traffic.
5. If they miss the train they can always get the next one.

Dislike

Questions:

1. Is "East Enders" a soap opera, or is it a cultural program?
2. Does Peter want to watch it, or can't he stand soap operas?
3. Why does Peter dislike the program so much?
4. Do a lot of people seem to like it, or do they hate it?
5. Why do a lot of people get quite worked up about it?

Answers:

1. "East Enders" isn't a cultural program, it's a soap opera.
2. Peter doesn't want to watch it, he can't stand soap operas.
3. Peter dislikes the program because it's so dreary and trivial.
4. A lot of people don't hate it, they seem to like it.
5. Because they don't notice how badly made and patronizing it is.

Preocupación

Preguntas:

1. ¿Qué es lo que preocupa a Mary?
2. ¿Por qué le dijo John que dejara de preocuparse por el tren?
3. ¿Quiere John llegar temprano?
4. ¿Por qué prefiere Mary tomar precauciones?
5. ¿Qué pasará si ellos pierden el tren?

Respuestas:

1. Mary tiene miedo de perder el tren.
2. Porque no vale la pena que salgan veinte minutos antes.
3. No, ya que él no quiere perder tiempo en la estación.
4. Mary prefiere tener un margen de seguridad porque ellos pueden quedarse atorados en el tráfico (circulación).
5. Si ellos pierden el tren, (ellos) pueden tomar el siguiente.

Desagrado

Preguntas:

1. ¿Es "East Enders" una telenovela o un programa cultural?
2. ¿Quiere verlo Peter o no puede soportar este género de programas?
3. ¿Por qué Peter detesta tanto este programa?
4. ¿Es el programa agradable o desagradable para la mayoría de la gente?
5. ¿Por qué mucha gente se apasiona por este programa?

Respuestas:

1. "East Enders" no es un programa cultural, sino una telenovela.
2. Peter no quiere verlo, él no puede soportar este género de series.
3. Peter detesta el programa porque es demasiado aburrido y superficial.
4. Mucha gente no lo detesta, sino que parece estar muy complacida con el programa.
5. Porque ellos no se dan cuenta hasta qué punto está mal hecho y patrocinado.

Unit 19   **Paying**

Questions:

1. What is Mr Stewart interested in buying?
2. Does he take size seven or size eight?
3. Are the boots quite comfortable, or are they the wrong size?
4. Are the boots on sale, or does Mr Stewart have to pay the normal price?
5. Why does Mr Stewart think the shoes are expensive?

Answers:

1. Mr Stewart is interested in buying the pair of boots on show in the window.
2. He doesn't take size eight, he takes size seven.
3. The boots aren't the wrong size, they are quite comfortable.
4. Mr Stewart doesn't have to pay the full price, the boots are on sale.
5. Because he didn't expect to spend that much.

Unit 20   **Classification**

Questions:

1. What do men do if they don't like dogs?
2. What are the different attitudes of those who are generally in favor of dogs?
3. What are the different attitudes of those who rather dislike the animals?
4. Has the question become a political one, or is it just a personal matter?
5. Why is the question said to have become a political one?

Answers:

1. If men don't like dogs, they do their best to put up with them when they have to.
2. Some actually own one, while others would rather someone else did the work.
3. Some are merely indifferent, while others are actually frightened of them.
4. It isn't just a personal matter, the question has become a political one.
5. Because of the perennial debate on the subject of dog licences.

190

Pago

Preguntas:

1. ¿Qué artículo está interesado en comprar el Sr. Stewart?
2. ¿Calza del 7 o del 8?
3. ¿Son cómodas esas botas o son de un número equivocado?
4. ¿Están en barata las botas o el Sr. Stewart tiene que pagar el precio normal?
5. ¿Por qué piensa el Sr. Stewart que son caras las botas?

Respuestas:

1. El Sr. Stewart está interesado en comprar el par de botas que se exhiben en la vitrina.
2. Él no calza del 8, sino del 7.
3. Las botas no son del número equivocado, se sienten muy cómodas.
4. El Sr. Stewart no tiene que pagar el precio normal, las botas están en oferta (rebajados).
5. Porque no pensaba gastar tanto.

Clasificación

Preguntas:

1. ¿Qué hacen los hombres cuando no les gustan los perros?
2. ¿Cuáles son las diferentes actitudes de aquellos que generalmente están a favor de los perros?
3. ¿Cuáles son las diferentes actitudes de aquellos a quienes les disgustan los animales?
4. ¿Se ha vuelto política la cuestión o es simplemente un asunto personal?
5. ¿Por qué se dice que la cuestión se ha vuelto política?

Respuestas:

1. Cuando a los hombres no les gustan los perros, hacen su mejor esfuerzo para tolerarlos cuando tienen que hacerlo.
2. Algunos hacen algo, mientras que otros prefieren dejar el trabajo a alguien más.
3. Algunos son simplemente indiferentes mientras que otros les tienen verdadero miedo.
4. No es solamente un asunto personal, se ha vuelto una cuestión política.
5. A causa del eterno debate sobre el tema de las licencias para perros.

Agreement

Questions:

1. Did David take the job he was offered?
2. Why didn't David want the job he was offered?
3. Should he have taken the job?
4. Who thinks that David is aiming too high?
5. Why aren't there many opportunities around these days?

Answers:

1. No, he didn't because he's still hoping for something better.
2. David didn't want the job he was offered because it wasn't very well paid.
3. Yes he should, as he'll be lucky if anything else turns up.
4. Peter does.
5. There aren't many opportunities around these days because of all the unemployed.

Disagreement

Questions:

1. What does Peter think about the news service?
2. Does Carol like the variety shows and the quiz games?
3. What do they need the advertising revenue for?
4. Why must they have popular programs?
5. Which programs does Peter prefer?

Answers:

1. Peter thinks the news service is quite good compared to what you get in some other countries.
2. No, she doesn't, because there are too many of them.
3. They need it in order to make the programs.
4. They have to have popular programs so that people will watch-them.
5. Peter prefers the cultural programs.

Convenio/Acuerdo

Preguntas:

1. ¿Tomó David el empleo que le habían ofrecido?
2. ¿Por qué David no quería el empleo que le habían ofrecido?
3. ¿Debería haber aceptado este empleo?
4. ¿Quién piensa que David aspira muy alto?
5. ¿Por qué las oportunidades son raras actualmente?

Respuestas:

1. No, porque él espera aún encontrar algo mejor.
2. David no quería el empleo que le habían ofrecido porque no estaba bien pagado.
3. Sí, porque tendrá suerte si otra cosa se presenta.
4. Peter.
5. No hay muchas oportunidades en estos días a causa de todos los desempleados.

Desacuerdo

Preguntas:

1. ¿Qué piensa Peter del servicio de noticias?
2. ¿Le gustan a Carol los programas de variedades y los juegos?
3. ¿Por qué necesitan de ingresos publicitarios?
4. ¿Por qué les hacen falta programas populares?
5. ¿Cuáles son los programas que Peter prefiere?

Respuestas:

1. Peter piensa que el servicio de noticias es bueno, comparado a lo que se ofrece en otros países.
2. No, porque hay demasiados.
3. Ellos los necesitan para poder producir los programas.
4. Les hacen falta programas populares para que la gente los vea.
5. Peter prefiere los programas culturales.

Permission

Questions:

1. Why does Mr Stewart want to open a window?
2. Does Mrs Jones want him to open a window?
3. What will Mr Stewart do if it gets too draughty?
4. What does Mrs Jones want to ask Mr Stewart?
5. Why can't Mr Stewart offer Mrs Jones a cigarette?

Answers:

1. Because it's getting a bit stuffy in the compartment.
2. Yes she does, because she's beginning to feel a bit uncomfortable.
3. If it gets too draughty Mr Stewart will close the window again.
4. Mrs Jones wants to ask him if he minds if she smokes.
5. He can't offer her a cigarette because he seems to have run out of them.

Refusals

Questions:

1. What does Mr Baker offer Mrs Parkinson?
2. Does Mrs Parkinson accept his cigarette?
3. Why would she rather Mr Baker didn't smoke?
4. Why does Mr Baker think it would be all right to smoke?
5. What does he offer to do?

Answers:

1. Mr Baker offers Mrs Parkinson a cigarette.
2. No she doesn't, because she doesn't smoke.
3. She would rather Mr Baker didn't smoke because they are in a no smoking compartment and it would disturb her.
4. Because the inspector's already been to check the tickets.
5. He offers to open a window.

Permiso

Preguntas:

1. ¿Por qué el Sr. Stewart quiere abrir una ventana?
2. ¿Quiere la Sra. Jones que él abra la ventana?
3. ¿Qué hará el Sr. Stewart si ello causa mucha corriente de aire?
4. ¿Qué es lo que la Sra. Jones quiere preguntarle al Sr. Stewart?
5. ¿Por qué el Sr. Stewart no puede ofrecer un cigarro a la Sra. Jones?

Respuestas:

1. Porque la atmósfera se vuelve muy cerrada en el compartimiento/cabina.
2. Sí, porque ella comienza a estar un poco incómoda.
3. Si hay mucha corriente de aire el Sr. Stewart cerrará la ventana otra vez.
4. La Sra. Jones quiere preguntarle si le molesta que ella fume.
5. Él no puede ofrecerle un cigarro porque parece que ya no tiene.

Rechazo

Preguntas:

1. ¿Qué es lo que el Sr. Baker ofrece a la Sra. Parkinson?
2. ¿Acepta la Sra. Parkinson su cigarro?
3. ¿Por qué preferiría ella que el Sr. Baker no fumara?
4. ¿Por qué el Sr. Baker piensa que se puede fumar sin problemas?
5. ¿Qué propone él hacer?

Respuestas:

1. El Sr. Baker ofrece un cigarro a la Sra. Parkinson.
2. No, porque ella no fuma.
3. Ella preferiría que el Sr. Baker no fumara porque están en un compartimiento/cabina de no fumadores y eso la incomodaría.
4. Porque el inspector (cobrador) ya pasó a verificar los boletos.
5. Él propone abrir la ventana.

Dissappointment

Questions:

1. Where did Jim and Carol go last night?
2. Why didn't the evening go too well?
3. Did they arrive early at the theatre?
4. Could they go in as soon as they arrived?
5. Whose fault was it that they were late?
6. Where they cheap tickets or were they expensive ones?

Answers:

1. Jim and Carol went out to the theatre last night.
2. The evening didn't go too well because they arrived late.
3. No, they arrived late because there was too much traffic on the road.
4. No, they couldn't go in immediately in case they disturbed people in the audience.
5. It was Jim's fault that they were late.
6. They weren't expensive tickets, they were cheap ones.

Relief

Questions:

1. What was James meaning to ask Peter?
2. When did Peter have his interview?
3. What does Peter think about his interview?
4. Why couldn't they give Peter a definitive answer?
5. Was Peter lucky with the questions they asked him, or did he find them difficult?

Answers:

1. James was meaning to ask Peter about his interview.
2. Peter had an interview the other day.
3. Peter thinks his interview could have been worse.
4. Because they haven't finished interviewing all the candidates.
5. Peter didn't find the questions difficult, he was lucky with the questions they asked him.

Decepción

Preguntas:

1. ¿A dónde fueron Jim y Carol ayer en la noche?
2. ¿Por qué no pasaron la velada muy bien?
3. ¿Llegaron temprano al teatro?
4. ¿Pudieron entrar a la sala desde su llegada?
5. ¿Quién fue responsable de su retraso?
6. ¿Estuvieron caros o baratos los boletos?

Respuestas:

1. Jim y Carol fueron al teatro ayer en la noche.
2. No pasaron la velada muy bien porque ellos llegaron tarde.
3. No, ellos llegaron tarde porque había demasiado tráfico en la carretera.
4. No, ellos no pudieron entrar inmediatamente porque eso hubiera molestado al público.
5. Fue culpa de Jim que ellos se hubieran retrasado.
6. Los boletos no estuvieron caros, estuvieron baratos.

Lección 26 # Alivio

Preguntas:

1. ¿Qué es lo que James tenía intención de preguntar a Peter?
2. ¿Cuándo tuvo Peter su entrevista?
3. ¿Qué piensa Peter acerca de su entrevista?
4. ¿Por qué no pudieron dar a Peter una respuesta definitiva?
5. ¿Tuvo suerte Peter con las preguntas que le hicieron o las encontró difíciles?

Respuestas:

1. James tenía intención de preguntar a Peter sobre su entrevista.
2. Peter tuvo su entrevista el otro día.
3. Peter piensa que la entrevista pudo haber sido peor.
4. Porque ellos no habían terminado de entrevistar a todos los candidatos.
5. Peter no encontró las preguntas difíciles, fue afortunado con las preguntas que le hicieron.

Advice

Questions:

1. Why does Mr Jones look worried?
2. What did Mr Jones tell the boss?
3. Has Mr Jones got time to show the visitors round?
4. Why is he in a difficult situation?
5. What is the only satisfactory solution?

Answers:

1. Mr Jones looks worried because he doesn't know what to do.
2. Mr Jones told the boss that he would help to show the visitors round at lunchtime.
3. No he hasn't, because he's worried about finishing his report in time for the meeting later on.
4. He is in a difficult situation because he can't win.
5. The only satisfactory solution is to do his best to get the work done in time.

Promises

Questions:

1. What has John forgotten to do?
2. Why couldn't he keep his promise?
3. What did Carol want to do before she called the Browns?
4. When will John be able to collect the tickets?
5. Why does Carol think it's better to go in person?

Answers:

1. John has forgotten to collect the tickets they ordered.
2. He couldn't keep his promise because he didn't have time.
3. Carol wanted to make sure that everything was all right before she called the Browns.
4. John will be able to collect the tickets tomorrow without fail.
5. Carol thinks it's better to go in person because it's safer that way.

Consejos

Preguntas:

1. ¿Por qué parece preocupado el Sr. Jones?
2. ¿Qué es lo que el Sr. Jones dice a su patrón?
3. ¿Tiene el Sr. Jones tiempo de mostrar los alrededores a los visitantes?
4. ¿Por qué está él en una situación difícil?
5. ¿Cuál es la única solución satisfactoria?

Respuestas:

1. El Sr. Jones parece preocupado porque (él) no sabe qué hacer.
2. El Sr. Jones dijo a su patrón que él mostraría los alrededores a los visitantes a la hora de la comida.
3. No, porque él está preocupado por terminar su informe a tiempo para la junta que tendrá lugar más tarde.
4. Él está en una situación difícil porque no puede librarse.
5. La única solución satisfactoria es que (él) haga su mejor esfuerzo para terminar el trabajo a tiempo.

Promesas

Preguntas:

1. ¿Qué ha olvidado hacer John?
2. ¿Por qué no ha podido cumplir su promesa?
3. ¿Qué quería hacer Carol antes de llamar a los Brown?
4. ¿Cuándo podrá John recoger los boletos?
5. ¿Por qué piensa Carol que vale más presentarse en persona?

Respuestas:

1. John ha olvidado ir a recoger los boletos que habían reservado.
2. Él no pudo cumplir su promesa porque no tuvo tiempo.
3. Carol quería asegurarse de que todo estuviera en orden antes de llamar a los Brown.
4. John podrá recoger los boletos mañana sin falta.
5. Carol piensa que es mejor presentarse en persona porque es más seguro en esa forma.

Leaving

Questions:

1. Why does John want to say goodnight?
2. Will he have to be leaving soon?
3. Why does Carol think John shouldn't leave yet?
4. What does Carol think (it) doesn't matter?
5. Who may be able to give John a lift home?
6. Why doesn't John want to wait too long?

Answers:

1. John wants to say goodnight because he is leaving the party.
2. Yes he will, as it's getting late and he doesn't want to miss the last bus.
3. Because the party's only just getting going.
4. Carol thinks it doesn't matter if John misses the last bus.
5. Paul may be able to give John a lift home.
6. Because he's a bit tired and he's got a lot to do tomorrow.

Generalization

Questions:

1. What do most people agree about?
2. Where are people usually first introduced to the idea of a foreign language?
3. In which countries is the foreign language studied almost always French?
4. When do most people first attempt to use the knowledge gained in school?

Answers:

1. Most people agree that it is important to be able to make yourself understood in a foreign language.
2. Usually, people are first introduced to the idea of a foreign language at school.
3. The foreign language studied is almost always French in English speaking countries.
4. Many years later, when they find themselves crossing some border as tourists.

Salida

Preguntas:

1. ¿Por qué quiere John despedirse?
2. ¿Tiene que partir pronto?
3. ¿Por qué Carol piensa que John no debería partir aún?
4. ¿Según Carol qué es lo que no tiene importancia?
5. ¿Quién podrá regresar a John a su casa en coche?
6. ¿Por qué John no quiere esperar demasiado tiempo?

Respuestas:

1. John quiere despedirse porque él deja la fiesta.
2. Sí, porque se hace tarde y no quiere perder el último autobús.
3. Porque la fiesta acaba justo de empezar.
4. Carol piensa que no tiene importancia si John pierde el último autobús.
5. Paul podrá llevar a John a su casa en coche.
6. Porque él está un poco cansado y tiene mucho qué hacer mañana.

Generalización

Preguntas:

1. ¿En qué está de acuerdo la mayor parte de la gente?
2. ¿En dónde se familiariza generalmente a la gente por primera vez con la idea de una lengua extranjera?
3. ¿En qué países la lengua extranjera estudiada es casi siempre francés?
4. ¿En qué momento trata la gente de poner en práctica por primera vez los conocimientos adquiridos en la escuela?

Respuestas:

1. La mayoría de la gente está de acuerdo en que es importante hacerse comprender en una lengua extranjera.
2. En general, es en la escuela donde la gente se familiariza por primera vez con la idea de una lengua extranjera.
3. La lengua extranjera estudiada es casi siempre el francés, en los países de habla inglesa.
4. Muchos años más tarde, cuando ellos atraviesan alguna frontera como turistas.

Confirmation

Questions:

1. What is happening in Bristol next week?
2. What has Mr Lewis been assuming?
3. Why does Mr Lewis think it's better to make sure?
4. How can Mr Palmer check the time of the meeting?
5. What has Mr Lewis forgotten?

Answers:

1. There will be a meeting in Bristol next week.
2. Mr Lewis has been assuming that the meeting won't start till after lunch.
3. He thinks it's better to make sure because it's better to be safe than sorry.
4. By looking it up in his appointments agenda.
5. He has forgotten that they are expected for lunch before hand.

Postponing

Questions:

1. Why does John suggest postponing the trip to San Francisco?
2. What is wrong with the car?
3. How long will they have to leave the car in the garage?
4. Why would it be more convenient for John if they can put off the trip to San Francisco?
5. Why may there not be much point in going by train?

Answers:

1. Because he's had to take the car in to serviced.
2. There is something wrong with the car's gearbox.
3. They'll have to leave the car in the garage for a few days.
4. Because he's got rather a lot on at the moment.
5. Because if the timetable isn't convenient they might not be able to stay for as long as they'd like.

Confirmar/Reafirmar

Preguntas:

1. ¿Qué es lo que va a suceder en Bristol la semana próxima?
2. ¿Qué supone el Sr. Lewis?
3. ¿Por qué piensa el Sr. Lewis que es mejor asegurarse?
4. ¿Cómo puede el Sr. Palmer verificar la hora de la reunión?
5. ¿Qué es lo que el Sr. Lewis olvidó?

Respuestas:

1. Habrá una reunión en Bristol la semana próxima.
2. El Sr. Lewis supone que la reunión no comenzará sino hasta después de la comida.
3. Él piensa que es mejor asegurarse porque es mejor tomar sus precauciones que lamentarse después.
4. Verificando en sus citas diarias (en su agenda).
5. Él olvidó que ellos son esperados para la comida (antes de la reunión).

Posponer

Preguntas:

1. ¿Por qué sugiere John posponer el viaje a San Francisco?
2. ¿Cuál es el problema con el auto?
3. ¿Cuánto tiempo deberán dejar el coche en el garage (con el mecánico)?
4. ¿Por qué sería más práctico para John poder retrasar el viaje a San Francisco?
5. ¿Por qué no hay mucho sentido en ir en tren?

Respuestas:

1. Porque él tuvo que llevar el coche al servicio.
2. Hay algo mal en la caja de velocidades.
3. Ellos tienen que dejar el coche en el garage durante algunos días.
4. Porque tiene muchas cosas que hacer en este momento.
5. Porque si el horario no les conviene, ellos se arriesgan a no poder permanecer tanto como ellos quisieran.

Messages

Questions:

1. Why is Paul surprised about the message from James?
2. What did James want to remind Paul about?
3. What did James want to know?
4. Why does Paul agree?
5. What time did James suggest leaving?

Answers:

1. Because he didn't expect anything from him.
2. James wanted to remind Paul that they were both going to New York on Wednesday.
3. James wanted to know if Paul would like a lift to New York.
4. Paul agrees because there's no point taking two cars.
5. James suggested leaving soon after ten, so as to get there in time for lunch.

Enquiries

Questions:

1. What does Mr Johnson need information about?
2. Why does he have to send money abroad?
3. Why shouldn't he send a traveler's check through the post?
4. Why not ask the bank to transfer the money?
5. What would the most convenient solution be?

Answers:

1. Mr Johnson needs some information on sending money abroad.
2. He has to send money abroad because he needs to reserve a hotel room in Mexico City.
3. Because he would have to sign it in advance.
4. Because that would be the most expensive way.
5. The most convenient solution would be for them to charge it to his credit card.

Mensajes

Preguntas:

1. ¿Por qué Paul está sorprendido de recibir un mensaje de James?
2. ¿Qué es lo que James quería recordar(le) a Paul?
3. ¿Qué quería saber James?
4. ¿Por qué Paul está de acuerdo?
5. ¿A qué hora propone partir James?

Respuestas:

1. Porque él no esperaba nada de su parte.
2. James quería recordarle a Paul que los dos iban a ir a Nueva York el miércoles.
3. James quería saber si a Paul le gustaría que lo llevaran en auto a Nueva York.
4. Paul está de acuerdo porque no tiene caso llevar dos autos.
5. James propone salir después de las 10 hrs., para llegar a la hora de la comida.

Pedir informes

Preguntas:

1. ¿En qué aspecto el Sr. Johnson tiene necesidad de informes?
2. ¿Por qué tiene él que enviar dinero al extranjero?
3. ¿Por qué no debe enviar un cheque de viajero por correo?
4. ¿Por qué no pedir al banco el envío del dinero?
5. ¿Cuál sería la solución más práctica?

Respuestas:

1. El Sr. Johnson tiene necesidad de información sobre la manera de enviar dinero al extranjero.
2. Él debe enviar dinero al extranjero porque necesita reservar una habitación en un hotel de la Ciudad de México.
3. Porque tendría que firmarlo antes.
4. Porque sería el medio más caro.
5. La solución más práctica sería cargarlo a su tarjeta de crédito.

Conditions

Questions:

1. What does Ann ask Patrick?
2. What does she need Patrick's car for?
3. When was Patrick going to use the car himself?
4. When does Ann promise to bring the car back?
5. Why may she not be able to keep her promise?

Answers:

1. Ann asks Patrick if she can borrow his car.
2. She needs his car because she has to pick up a few things in town.
3. Patrick was going to use the car himself straight after lunch.
4. She promises to bring it back by half past one.
5. Because it may take her too long to find somewhere to park.

Concession

Questions:

1. Are films often interrupted, or is advertising banned on television?
2. What does John think about advertising on television?
3. Would there be practical difficulties, or could advertising be banned altogether?
4. Why will they have to allow advertising on television?
5. What does Pamela think about advertising on television?

Answers:

1. Advertising isn't banned on television, films are often interrupted.
2. John thinks that advertising on television is unpleasant and insulting.
3. Advertising couldn't be banned altogether, there would be practical difficulties.
4. Because the money's got to come from somewhere.
5. Pamela thinks that, as advertising on television can't be avoided, they will just have to try and make the best of it.

Condiciones

Preguntas:

1. ¿Qué es lo que Ann pregunta a Patrick?
2. ¿Por qué ella necesita el auto de Patrick?
3. ¿Cuándo iba Patrick a usarlo?
4. ¿Cuándo promete Ann regresar el coche?
5. ¿Por qué puede ser que ella no sea capaz de cumplir su palabra?

Respuestas:

1. Ann pregunta a Patrick si puede prestarle su coche.
2. Ella tiene necesidad del coche para ir a buscar algunas cosas a la ciudad.
3. Patrick iba a usar el auto justo después de la comida.
4. Ella promete regresarlo en hora y media.
5. Porque puede tomarle demasiado tiempo encontrar algún lugar para estacionarse.

Concesión

Preguntas:

1. ¿Las películas en la televisión, son frecuentemente interrumpidas, o la publicidad está prohibida?
2. ¿Qué piensa John de la publicidad en la televisión?
3. ¿La publicidad podría estar totalmente prohibida o eso crearía dificultades prácticas?
4. ¿Por qué hay que permitir la publicidad en la televisión?
5. ¿Qué piensa Pamela de la publicidad en la televisión?

Respuestas:

1. La publicidad no está prohibida en la televisión, las películas son frecuentemente interrumpidas.
2. John piensa que la publicidad en la televisión es desagradable y ofensiva.
3. La publicidad no podría ser totalmente prohibida, eso crearía dificultades prácticas.
4. Porque el dinero tiene que venir de alguna parte.
5. Pamela piensa que como no se puede evitar la publicidad en la televisión, habrá que sacar el mejor provecho de ella.

Doubt and certainty

Questions:

1. What will James be doing next week?
2. Will be probably pass his examination, or is he likely to fail?
3. Why will James probably pass his examination?
4. Why may he just possibly fail?
5. What has James applied for?

Answers:

1. James will be taking an examination next week.
2. He's not likely to fail his examination, he will probably pass.
3. James will probably pass his examination because he's worked hard for it.
4. He may just possibly fail because he may have some bad luck with the questions.
5. James has applied for a new job.

Facts

Questions:

1. Where have Neil and Deirdre arranged to have their holiday?
2. Why can't the Kempsons come with them?
3. Why do Neil and Deirdre need to get someone else to share the cottage with them?
4. Will it be easy to get someone else to share the cottage?
5. Should Neil and Deirdre have counted on the Kempsons?

Answers:

1. Neil and Deirdre have arranged to have their holiday down in the West Coast.
2. The Kempsons can't come with them because they can't get the time off work.
3. Because they won't be able to afford it otherwise.
4. No, it will be difficult to get someone else to share the cottage at such short notice.
5. No, because they did warn them that they couldn't be definite until nearer the time.

Duda y certeza

Preguntas:

1. ¿Qué hará James la semana próxima?
2. ¿Tiene grandes probabilidades de pasar su examen o es posible que fracase?
3. ¿Por qué es probable que James pase su examen?
4. ¿Por qué es posible que, después de todo, falle?
5. ¿Qué ha solicitado John?

Respuestas:

1. James presentará un examen la semana próxima.
2. Hay pocas probabilidades de que él fracase, él seguramente pasará.
3. James pasará probablemente su examen porque (él) ha trabajado duro para eso.
4. Es posible que, después de todo, falle porque puede tener mala suerte con las preguntas.
5. Él ha solicitado un nuevo empleo.

Hechos

Preguntas:

1. ¿En dónde han arreglado Neil y Deirdre pasar sus vacaciones?
2. ¿Por qué los Kempson no pueden venir con ellos?
3. ¿Por qué Neil y Deirdre necesitan encontrar a alguien para compartir con ellos la casa de campo?
4. ¿Será fácil encontrar a alguien para compartir la casa de campo?
5. ¿Debieron Neil y Deirdre contar con los Kempson?

Respuestas:

1. Neil y Deirdre han arreglado pasar sus vacaciones en la Costa Occidental.
2. Los Kempson no pueden acompañarlos porque ellos no tienen vacaciones.
3. Porque de otra manera sería muy caro para ellos (ellos no podrían permitírselo).
4. No, será difícil en un tiempo tan corto encontrar a alguien para compartir la casita de campo.
5. No. Porque ellos efectivamente les habían prevenido que no podrían dar una respuesta definitiva hasta que la fecha estuviera más próxima.

Possibilities

Questions:

1. What may Mr Brown be interested in?
2. Do they expect Mr Brown to be able to come?
3. Do they expect Mr Brown to arrange things?
4. Would it be better to postpone the whole thing?
5. Will they be able to persuade Mr Brown to come?

Answers:

1. He may be interested in coming over for the week.
2. They don't expect him to come because he may not be able to spare the time.
3. No, because it would be rather unusual for him to be able to arrange things at such short notice.
4. No, because to put it off now would be really inconvenient for everyone else.
5. They may be able to persuade him to come but it's probably out of the question for him to drop everything just like that.

Conclusion

Questions:

1. Did the project succeed or was it a failure?
2. What was the contribution of Mr Moore?
3. Why should we be grateful to Mr Bennet?
4. When did Mr Harrison take control of the project?
5. How did he manage to bring the project to a successful conclusion?

Answers:

1. The project didn't fail, it was a success.
2. Mr Moore had the original idea for the project.
3. We should be grateful to Mr Bennet for his constant advice and encouragement.
4. Mr Harrison took control of the project at a critical time.
5. By coordinating everyone's efforts.

Posibilidades

Preguntas:

1. ¿Qué es lo que puede interesar al Sr. Brown?
2. ¿Esperan ellos que el Sr. Brown pueda venir?
3. ¿Esperan ellos que el Sr. Brown va a poder arreglar las cosas?
4. ¿Sería mejor posponerlo para más tarde?
5. ¿Podrán ellos persuadir al Sr. Brown para que venga?

Respuestas:

1. Puede estar interesado en venir (a pasar) una semana.
2. Ellos no esperan que él venga porque quizá él no dispone de tiempo.
3. No, porque sería raro en él poder arreglar las cosas en un plazo tan corto.
4. No, porque posponerlo ahora sería muy molesto para todos los demás.
5. Ellos lograrán persuadirlo de que venga, pero es probable, sin lugar a dudas, que él deje todo como está.

Conclusión

Preguntas:

1. ¿El proyecto tuvo éxito o fracasó?
2. ¿Cuál es la contribución del Sr. Moore?
3. ¿Por qué debemos estar agradecidos al Sr. Bennet?
4. ¿Cuándo tomó el control del proyecto el Sr. Harrison?
5. ¿Qué hizo él para llevar el proyecto a una conclusión exitosa?

Respuestas:

1. El proyecto no fracasó, fue un éxito.
2. El Sr. Moore (fue quien) tuvo la idea original para el proyecto.
3. Debemos estar agradecidos al Sr. Bennet por sus consejos y sus estímulos constantes.
4. El Sr. Harrison tomó el control (la dirección) del proyecto en un momento difícil.
5. Coordinar los esfuerzos de todos.

Compendio
gramatical

1. El Sustantivo

1.1 Mayúsculas:

• Ciertos sustantivos llevan siempre mayúsculas; son los sustantivos referentes a:
— los días (**Wednesday, Thursday...** *miércoles, jueves*), los meses (**January, February...** *enero, febrero*).
— las estaciones (**Autumn, Winter...** *otoño, invierno*).
— las religiones (**Catholics, Protestants...** *católicos, protestantes*).
— los idiomas (**English, Spanish...** *inglés, español*).
— los países (**(the) United States, Mexico...** *(los) Estados Unidos, México*).

• Para las religiones, para los países y para los nombres propios en general, se usan las mayúsculas aun cuando se trate de un adjetivo **the Catholic Church,** *la iglesia católica;* he is a **Protestant,** *él es protestante;* an **English** tradition, *una tradición inglesa;* a **Mexican** design, *un diseño mexicano;* **Newtonian** physics, *la física newtoniana.*

1.2 Los sustantivos compuestos:

• En una secuencia de nombres, es siempre el último el que es el sustantivo:
a **five-mile walk,** *un paseo de cinco millas.*
a **four-wheel-drive car,** *un coche de cuatro ruedas.*
an **eighteen-year-old-girl,** *una muchacha de dieciocho años.*
a **desk-top office computer,** *una microcomputadora de oficina.*
→ Obsérvese la ausencia de la **s** en **mile, year,** etc., porque funcionan aquí como adjetivos. Sin embargo se encuentran casos en donde el sustantivo como primer elemento se termina por **s**:
the **after-sales service,** *el servicio después de la venta.*
• En lo que concierne a las siglas y abreviaturas, se encuentra siempre el sustantivo (o el nombre principal) al final: **ASC = American Systems Corporation; NATO = North Atlantic Treaty Organization** (*OTAN*); **UNESCO = United Nations Educational, Scientific and Cultural Organization.**

1.3 ¿Contables o no?

Ciertos sustantivos se cambian raramente al plural aun cuando indican una cantidad más grande. Se trata de sustantivos como **chocolate, cheese, wine...** que no se pueden contar (pero que naturalmente se puede decir **bars of chocolate, packets of cheese, bottles of wine,** etc.). Los sustantivos contables en inglés no siempre son los mismos que en español:
can you give me some **information,** please?, *¿puede darme alguna información/algunos informes por favor?*

1.4 La expresión del posesivo:

Apóstrofo + **s** expresa la idea de posesión. Por ello **the teacher's book** equivale a **the book of the teacher**. En algunos casos la estructura con el apóstrofo no es posible:

the City of Mexico, *la Ciudad de México*.

a school of languages (= a language school), *una escuela de idiomas*.

NOTA: con un nombre propio no se puede encimar el empleo de **the** y el caso posesivo: **the case of Yorkshire ripper**, *el caso del degollador de Yorkshire;* **the Sutcliffe case**, *el caso Sutcliffe*, o: Sutcliffe's crime, *el crimen de Sutcliffe*.

---

2. El adjetivo, el adverbio

2.1 Comparativo y superlativo:

• En general, se expresa el comparativo y el superlativo con la ayuda de los sufijos **-er, -est**: easy, easier, the easiest, *fácil, más fácil, el más fácil*.

• Pero para los adjetivos de tres sílabas o más, se prefiere emplear **more** y **most** para los grados de superioridad: difficult, more difficult, the most difficult, *difícil, más difícil, el más difícil;* y **less, the least** para los grados de inferioridad: important, less important, the least important, *importante, menos importante, el menos importante*.

NOTA: atención a los adjetivos irregulares como good → **better, the best,** *bueno, mejor, el mejor,* o bad → **worse, the worst,** *malo, peor, el peor*.

2.2 Lugar del adjetivo:

• En inglés el adjetivo epíteto se coloca antes del sustantivo que califica:

a fast car, *un coche rápido*.

a difficult problem, *un problema difícil*.

an interesting book, *un libro interesante*.

• El adjetivo atributo (llamado igualmente "pedicado") se coloca **después** del sustantivo que determina:

I found this book original,

encontré este libro original.

→ Ciertos adjetivos se emplean sólo en posición de atributo, por ejemplo ill (con el sentido de enfermo) o **afraid**:

he is ill, *él está enfermo;*

he is afraid, *él tiene miedo* (él está temeroso).

Antes del nombre se emplea otro adjetivo que tenga el mismo sentido: a sick man, *un hombre enfermo;* a frightened man, *un hombre asustado.*

2.3 Adjetivos que terminan en -ful:

Ciertos adjetivos se construyen con la terminación **-ful** (atención, con una sola l), por ejemplo, **wonderful,** *maravilloso;* useful, *útil,* Obsérvese que el contrario de useful es useless, *inútil.*

2.4 El adverbio:

Es suficiente añadir -ly a un adjetivo para obtener el adverbio correspondiente. Observe, entre las excepciones fast, *rápido.*

Si el adjetivo termina en -y como en el caso de lucky, *afortunado,* el adverbio terminará en **-ily**: luckily, *afortunadamente, felizmente.* Se puede ver que la **y** se convierte en **i**.

Si el adjetivo termina en **-ly** como en el caso de lovely, *amable,* se evita en lo posible utilizar el adverbio correspondiente. Así, en lugar de sillily, formado a partir del adjetivo silly, *estúpido,* se preferirá in a silly manner, o stupidly.

---

3. El artículo

3.1 El artículo indefinido:

• **A** ante una consonante, **an** delante de una vocal: a book, *un libro,* a table, *una mesa,* pero an animal, *un animal,* an idea, *una idea.* Atención, cuando la **u** se pronuncia [ju] al principio de la palabra, va precedida de **a**: a university, *una universidad,* a unit, *una unidad,* a universal truth, *una verdad universal.*

Caso particular: podemos encontrar ya sea a history book o an history book, *un libro de historia* y a hotel o an hotel, *un hotel.*

• Existe una relación etimológica entre el artículo **a** y el número **one**, Se emplea el artículo **a** en un caso como:

a day in the life of... *un día en la vida de...* cuando se habla de *cualquier día.*

En cambio, se emplea **one** cuando se habla de un elemento en particular, aunque este elemento no esté precisado:

one day in May, *un día de mayo.*

3.2 Se emplea el artículo indefinido cuando se habla de profesiones, etc.:

he is a doctor, she is a student, *él es médico, ella es estudiante* = *él es un médico, ella es una estudiante*. El artículo indefinido no se utiliza sino cuando se trata de un puesto único:

he has been made general manager of the company, *él ha sido nombrado gerente general de la compañía.*

3.3 El artículo definido:

The, pronunciado [ðə] o [ði(:)] delante de una vocal, se utiliza obligatoriamente cuando se hace referencia a objetos singulares (contables). Se trata de una "marca de determinación" (que tiene el mismo origen que el demostrativo **that**). De manera general, el artículo definido se emplea antes de un sustantivo cuando se puede contestar a la pregunta *¿cuál?, ¿cuáles?*

3.4 Se distingue:

history is interesting, *la historia es interesante* en el sentido general, y:

the history of Mexico, *la historia de México,* en sentido específico. Se distingue de la misma manera entre:

the history of man, *la historia del hombre.*

the man in the office, *el hombre en la oficina* (aquí se trata de un hombre en particular).

• La determinación puede depender de un conocimiento bien establecido: the sun, *el sol;* the army, *el ejército.* Puede depender también de la situación: the man over there, *el hombre allá;* the turning on your left, *la vuelta (está) a su izquierda* o en relación al contexto: the man in question, *el hombre en cuestión;* the book we were talking about, *el libro del que estábamos hablando.*

• La determinación puede ser implícita en relación a una situación:

he could work out the answer, *él no podría encontrar la respuesta; the calculation was too difficult for him, el cálculo era muy difícil para él.*

→ El artículo puede ser definido en relación a un conjunto indefinido de situaciones: the man in the street, *el hombre de la calle.*

3.5 Obsérvese la correlación entre el empleo de **the** y la presencia de **of** después de la palabra que sigue:

success depends on immediate action, *él éxito depende de la acción inmediata.* Sin embargo:

the success of the operation... *el éxito de la operación...*

3.6 El artículo definido se utiliza para hacer referencia de manera genérica a una especie más que a un animal en particular:

the whale is a mammal, *la ballena es un mamífero;*

o también a un elemento o un individuo representativo de una categoría:

the consumer will benefit, *el consumidor se beneficiará.*

Obsérvese finalmente el empleo adverbial del artículo:

the sooner the better, *lo más pronto será lo mejor.*

the more the merrier, *cuanto más haya, mejor.*

3.7 Omisión del artículo:

• No se usa el artículo con **next week,** en el sentido de *la semana próxima,* o **last week** con el significado de *la semana pasada,* por el contrario habrá que utilizarlo cuando se habla de **the following week,** *la siguiente semana.*

NOTA: se encuentra el artículo aun en un caso como:

the last week of the holidays, *la última semana de vacaciones,* en donde el periodo del que se trata se define en relación a otro periodo o actividad y no en relación al locutor.

• Tampoco se usa el artículo con los nombres propios:

Newton's theory, *la teoría de Newton,* pero se dice tanto: **the New-tonian theory** como **the theory of Newton.**

• Los nombres de los países, así como los nombres propios no llevan artículo definido: **Mexico,** *México;* **United States,** *Estados Unidos.* Pero con el hecho de la presencia de **of** (cf. 2.5) se debe decir: the United States of América, the USA; the Union of Soviet Socialist Republics, the USSR.

Obsérvese también: **the Netherlands,** *los Países Bajos.*

---

4. Pronombres indefinidos

4.1 Some, any, *algo, algún, alguno(s),* y sus derivados:

• De manera general, se encuentra **some** en una afirmación:

I need some money, *necesito algo de dinero.*

• **Any** se emplea para las preguntas y para las negaciones:

have you got any free time today? *¿Tiene usted algún tiempo libre hoy?*

I haven't got any cigarettes left, *no me queda ningún cigarro.*

→ en una frase afirmativa, **any** = *cualquier (cosa), el cuál:*
any of those ties will suit you,
cualquiera de estas corbatas le convendrá.

• Lo mismo para **someone, anyone, somebody, anybody:**
someone is knocking at the door, *hay alguien tocando la puerta;*
is anybody there? *¿hay alguien ahí?*

→ en una frase afirmativa:
anyone = *cualquier(a), quienquiera.*

• Lo mismo para **something, anything,** y para **somewhere, anywhere:**

→ en una frase afirmativa:
anything = *cualquier cosa, no importa cuál,* anywhere = *en cualquier lugar, no importa dónde.*

→ Pero **some** puede emplearse para preguntas en ciertos casos:
would you like some more sandwiches? *¿quisiera usted algunos emparedados más?*
En este caso, puesto que se tiene por obvio la existencia del elemento concernido (aquí **sandwiches**) se espera generalmente una respuesta afirmativa. Observe igualmente los ejemplos siguientes:
is something the matter? *¿hay algo (que le turba)?*
was there someone at the door? *¿había alguien en la puerta?*

---

5. Cuantificación:
each, any, every, all, etc.

5.1 **Any, every** y sus derivados:

• En ciertos contextos, la distinción entre **anyone** y **everyone** depende de un matiz: anyone can come, *cualquiera puede venir.* Everyone can come, *todos pueden venir.*
En otros contextos, la sustitución puede cambiar completamente el sentido de la frase: I shall be surprised if anyone comes, *me sorprendería si alguno viniera.* I shall be surprised if everyone comes, *me sorprendería si todos vinieran.*

• **Every** funciona generalmente como *cada* y se aplica a un sustantivo singular. Pero no se traduce siempre de la misma manera. Obsérvese: every day *todos los días/cada día;* every other day, *cada dos días/cada tercer día.*

NOTA: la gramática de la negación en inglés permite distinguir entre: no one has understood, *nadie ha comprendido* y not everyone has understood, *no todos han comprendido;* everyone has not understood, *todos no han comprendido.*

5.2 **All,** *todo(a), todos(as):*

• **All day** (en singular) se traduce por *todo el día.* Cuando **all,** *todo,* se encuentra en posición de sujeto, puede aplicarse a un sustantivo plural: **all of them are here,** *todos ellos están aquí,* mientras que **every** y sus derivados gobiernan al singular:

everyone is here, *todos/todo el mundo está aquí.*
• Con el significado de *todo* sin otra precisión, **all** irá también seguido del singular:

when all is said and done, *cuando todo esté dicho y hecho.*

5.3 **The whole,** *todo completo/entero:*

Se emplea **the whole** para hacer referencia a los objetos en su totalidad: the whole of my life, *toda mi vida;* he told me the whole story, *él me contó toda la historia.*

5.4 **Each,** *cada uno(a), cada quien:*

Se emplea **each** para hacer referencia a cada elemento de un conjunto tomado separadamente: I will give you one each, *(yo) le daré uno a cada quien.*

5.5 **Both,** *los dos, ambos:*

• **Both** se emplea para indicar una relación de similitud: **they are both young,** *ambos son jóvenes.* Pero para señalar una distinción se emplea **the two: the two schools are very different (from each other),** *las dos escuelas son muy diferentes (una de la otra).*
• No se dirá they are both different, *ellos son ambos diferentes,* solamente si se trata de una diferencia entre las dos personas concernientes tomadas juntas, en relación a una tercera. **NOTA:** no existe the both.

5.6 **Most,** *la mayoría de:*

No lleva artículo y se utiliza sin preposición: **most people,** *la mayoría de la gente.*

Una excepción: for the most part, *para la mayoría.*

5.7 **Many y much,** *mucho(a), muchos(as):*

• Son empleados generalmente en frases interrogativas y negativas con sustantivos "contables" y "no contables":

I haven't got much money, *no tengo mucho dinero.*
have you got many books? *¿tiene muchos libros?*
• Para las afirmaciones los americanos utilizan a menudo el término **a lot**: he's got a lot of money/a lot of books. *Él tiene mucho dinero/muchos libros.*

5.8 **Very**, *muy:* **too**, *demasiado:*

Se utiliza **very** y **too** para reforzar **much, many, few** y **little**:
I haven't got very/too much choice,
No tengo mucho/demasiado para escoger;
have you got very/too much to do today?
¿tiene usted mucho/demasiado que hacer hoy?
very/too few people saw the accident;
muy/demasiada poca gente vio el accidente;
I have very little time to spare,
tengo muy poco tiempo (disponible);
o (después del verbo):
I like her very/too much..., *la quiero mucho/demasiado...*

NOTA: Para reforzar los adjetivos se emplea **very** (sin **much**):
because she's very rich, *puesto que ella es muy rica.*

Lo mismo **too** delante de un adjetivo se emplea sin **much**:
he's too impatient, *él es demasiado impaciente.*

5.9 **Few, a few,** *poco, un poco de:*

Estas expresiones se emplean delante de un sustantivo plural. Obsérvese:
the last few weeks, *las últimas semanas.*

5.10 **Little, a little,** *(un) poco de:*

Estas expresiones se emplean delante de un sustantivo singular no contable:
with a little help from my friends, *con un poco de ayuda de mis amigos.*
Sin embargo tenemos:
I got little help from him, *tuve poca ayuda de él.*

6. Las preposiciones y las postposiciones

6.1 Empleo:

Las preposiciones se emplean para introducir un complemento: **wait for me!** *¡espéreme!* thank you for your letter, *gracias por su carta.*

Ocasionalmente ellas pueden ser cambiadas al final de la frase, lo que permite en ese momento, evitar construcciones muy complicadas o hasta incomprensibles: that is something I will not put up with, *eso es algo que yo no toleraré* (y no that is something up with which I will not put); where do you come from? *¿de dónde viene usted?*

NOTA: se dice who did you give it to? *¿a quién se lo dio?* Pero cuando la preposición antecede al pronombre relativo: to whom did you give it? (cf. 9.4)

6.2 Las postposiciones:

Un gran número de preposiciones se emplean también como "postposiciones" con un verbo, ya sea para atenuar o para modificar radicalmente el sentido de ese verbo. Estas expresiones pueden ser empleadas sin objeto directo, por ejemplo en imperativo, que no es el caso de los verbos que se emplean con verdaderas preposiciones:

look up! *¡mira a lo alto!, ¡levanta la mirada!*
look down! *¡mira hacia abajo, baja los ojos!*
get up! *¡levántate!* get down! *¡baja!*
get out! *¡salga!* get in! *¡entre! ¡suba!* (a un coche)

6.3 Sustantivación a partir de pre/postposiciones:

Algunos sustantivos se hacen con preposiciones, por ejemplo, a partir del verbo to lay off, *dejar de trabajar.* Obsérvese que a diferencia de los verbos, el sustantivo así derivado se escribe con un guión o en una sola palabra:

lay-off (I.T.) ⎫
layoff (I.M.) ⎬ *despido, desemplear a alguien*

Plural: lay-offs (I.T.); layoffs (I.M.)

6.4 Diferencias:

Las preposiciones que se utilizan en inglés no son necesariamente iguales al español. Se dice por ejemplo:

to be responsible for, *ser responsable de*
to depend on, *depender de*
to drink from a glass, *beber de un vaso*
to lean out of the window, *asomarse por la ventana*
to talk about, *hablar de/acerca de*

Puede ser que un verbo vaya seguido de una preposición en una lengua y no en la otra.

to look at, *mirar;* to enter a room, *entrar a un cuarto;* to comment on, *comentar;* to listen to, *escuchar;* to obey someone, *obedecer a alguien.*

7. El verbo

7.1 La forma interrogativa

7.1.1 Interrogativos:

Los pronombres interrogativos comienzan generalmente por **wh-: who?** *¿quién?;* **when?,** *¿cuándo?;* **where?,** *¿dónde?;* **why?,** *¿por qué?;* **what?,** *¿qué?* Existe también **how?** *¿cómo?*

Obsérvese que estos adverbios interrogativos pueden también funcionar como pronombres relativos.

7.1.2 Orden de las palabras en las preguntas:

A Con los verbos auxiliares y modales, las preguntas se construyen, cualquiera que sea el tiempo verbal, invirtiendo el sujeto y el verbo:

(when) am I invited? *¿(cuándo) estoy yo invitado(a)?,* (how) will you come? *¿(cómo) vendrá usted?,* (why) has she called? *¿(por qué) ha llamado ella?,* (how long) had it rained? *(cuánto tiempo) había llovido,* (where) would you like to go? *¿(a dónde) le gustaría a usted ir?,* could you repeat? *¿podría repetirlo?,* etc.

B Para todos los demás verbos, en presente, las preguntas se construyen con **do** (**does** en la 3a. persona del singular):

what do you want? *¿qué quiere usted?*
what does this mean? *¿qué significa esto?*

C Para estos mismos verbos, en pasado, se emplea **did** en todas las personas:

(how) did it work? *¿(cómo) trabajó/funcionó eso?*
(why) did they do it? *¿(por qué) lo hicieron ellos?,* etc.

Estas reglas simples se resumen según uno de los tres esquemas siguientes:

A (interrogativo +) auxiliar o modal + sujeto (...)?
B (interrogativo +) **do/does** + sujeto + verbo en infinitivo sin **to** (...)?
C (interrogativo +) **did** + sujeto + verbo en infinitivo sin **to** (...)?

7.1.3 Exclamativos:

Las exclamaciones se construyen ya sea con los pronombres o adverbios interrogativos, o con la inversión del **do** enfático y del sujeto:

what a lot of money he has! *¡cuánto dinero tiene!*
how beautiful she is! *¡qué bella es!*
(wow!) does she have good legs! *¡(Guau) qué piernas tiene ella!*

7.2 Negación y pregunta negativa (formas negativas)

7.2.1 Orden de las palabras en la negación:

a) Con los verbos auxiliares y modales, la frase negativa se obtiene con **not** colocado después del verbo auxiliar o modal:

I will **not** be late, *no estaré retrasado (no llegaré tarde);*
she has not spent all her money, *ella no ha gastado todo su dinero.*

b) La mayor parte del tiempo, *la negación está unida al verbo y con-tractada* (= la **o** es sustituida por un apóstrofo '):
is not = **isn't;** are not = **aren't;** has not = **hasn't;** have not = **haven't;** must not = **mustn't;** could not = **couldn't;** would not = **wouldn't.**

Ej: they wouldn't do it, *ellos no harían eso.*
Obsérvense las formas abreviadas de **can, shall** y **will + not:**
can't; shall not = **shan't;** will not = **won't:** I won't be late; they haven't got...; she can't come.
La forma completa, **cannot** se escribe siempre en una sola palabra.

c) Para obtener la forma negativa de los otros verbos, se emplea **do + not** o **does + not** (3a. p. del sg) en presente y **did + not** en pasado:

they **do not** live here, *ellos no viven aquí;*
he **does not** smoke, *él no fuma;*
she **did not** ask the right question, *ella no hizo la pregunta co-rrecta.*

d) También aquí, la negación va frecuentemente unida al auxiliar **do, does** o **did:**

do + not = **don't**	does + not = **doesn't**	did + not = **didn't**
they don't live here	he doesn't smoke	she didn't ask...

7.2.2 Interrogación negativa:

Según se parta de una forma negativa contractada o no, se tiene un esquema diferente:

they do not live here	→	do they not live here?
they don't live here	→	don't they live here?
he does not smoke	→	does he not smoke?
he doesn't smoke	→	doesn't he smoke?
he did not ask the right question	→	did he not ask...?
she didn't ask	→	didn't she ask...?

En la práctica, son las formas contractadas las que se emplean en la interrogación negativa.

7.2.3 Traducción de negaciones diversas: *no, nunca, no más, nadie*, etc.:

she didn't want any more coffee	*ella no quería más café*
he doesn't drink coffee any more	*él ya no toma café*
he never drinks coffee	*él no toma café nunca*
no one drinks coffee	*nadie toma café*
he drinks nothing but coffee ⎤ he only/just drinks coffee ⎦	*él no bebe más que café/* *él bebe sólo café.*

Obsérvese que en estas dos últimas frases, el verbo está en la forma positiva, la negación se encuentra en **nothing but, only,** y **just.**

7.2.4 Respuesta con *sí*:

Obsérvese la ambigüedad de la respuesta **yes,** que puede expresar ya sea el convenio, o el desacuerdo, por ej.:

he didn't come, did he? yes he did, *él no vino, ¿verdad? ¡sí!*

7.3 Do

7.3.1 **Do** es un verbo auxiliar necesario para la construcción de la interrogación y de la negación cuando se trata de ''verbos con sentido pleno'' pero no es necesario cuando se trata de modales o auxiliares (to have, to be, can, would, etc. cf. 7.1 y 7.2).

do you like him? *¿lo quiere usted?*
no, I don't like him, *no, no lo quiero.*

• Se emplea igualmente para las respuestas cortas: **yes, I do, no I don't,** etc., y para los ''tags'' (cf. 7.8).

• Obsérvese la presencia de **do** con el verbo **to have** cuando éste tiene el significado de *tomar* o de *deber*:

I don't usually have tea at five o'clock,
generalmente yo no tomo el té a las cinco;
do you have to leave so soon?
¿tiene que partir (verdaderamente) tan temprano?

7.3.2 **Do** se emplea también por razones que no son estrictamente gramaticales.

Sirve entonces para designar una relación con lo que se acaba de decir. Por lo tanto, es necesario definir el encadenamiento en:

I asked him to pay... but I don't know if he did pay,
yo le pedí que pagara... pero no sé si efectivamente lo hizo;

he said he would come... but I don't know if he did come, *él dijo que vendría... pero no sé si (él) vino.*

- Además de sus funciones de negación y de cuestionamiento, **do** tiene también la de confirmación:
a) **Confirmación** de lo que acaba de decirse (o pensarse):
  yes, I did lock the door, *sí, cerré (bien) la puerta.*
  you were right, this train does go to Mexico City, *usted tenía razón, este tren efectivamente va a la Ciudad de México.*
b) **Formas de cortesía** = confirmación de lo que está bien:
  do come in! *¡entre!,* do help yourself! *¡sírvase!*
c) **Énfasis:**
  I do like a nice cup of tea, *me gusta una buena taza de té.*
  o refuerzo:
  but I'm telling you did offer to pay for it, *pero te digo que tú ofreciste pagar por ello.*
→ Obsérvese la diferencia entre:
  so I do, *en efecto, es lo que hago,* y
  so do I, *yo también, yo lo hago.*

7.3.3 Do es también un verbo pleno que se distingue del verbo **to make** (cf. 11.6):

to do someone an injustice, *hacer a alguien una injusticia.*
you did your best, *hiciste lo mejor.*
it will do, *se hará.* Sin embargo:
to make a cake, *hacer un pastel*
to make one's bed, *hacer su cama*
to make someone angry, *hacer enojar a alguien.*

→ Atención a algunas equivalencias de *hacer:*
to perform an action, *realizar una acción*
to carry out an experiment, *hacer un experimento.*

7.4 El pasivo (voz pasiva)

7.4.1 El pasivo se utiliza para llamar la atención sobre el objeto o sobre la acción más que sobre el agente o sujeto.

- Por ello, el activo:
  the man hit the ball, *el hombre golpeó al balón,*
  proporciona el mismo significado que el pasivo:
  the ball was hit (by the man), *el balón fue golpeado (por el hombre).*
- el pasivo aporta una nota más impersonal.
No es posible poner las frases en pasivo, si el verbo no es transitivo (directo o indirecto: **they laugh at him,** puede dar en inglés: **he is laughed at**).
Cuando el verbo es intransitivo, como en:
  the sun is shining, *el sol está brillando,*

el pasivo no es posible. Existen también limitaciones a nivel del vocabulario. El pasivo no es posible con:

I have a toothache, *tengo dolor de muelas;*
she has a pain, *ella tiene un dolor;*
my mother has caught a cold, *mi madre tiene un resfrío.*

7.4.2 En ciertos casos el pasivo lleva a un cambio de significado.

• Se puede diferenciar:
many people read few books, *mucha gente lee pocos libros.*
de:
few books are read by many people, *pocos libros son leídos por mucha gente.*
• De la misma manera:
everyone should speak several languages, *todos deberían hablar varios idiomas.*
debe diferenciarse de:
several languages should be spoken by everyone, *varios idiomas deberían ser hablados por todos.*
• Para citar un ejemplo célebre, se debe distinguir la verdadera frase:
beavers build dams, *los castores construyen sus diques,* de la frase que no informa de toda la realidad:
dams are built by beavers, *los diques son construidos por los castores.*

7.4.3 Traducción de **se** y de construcciones reflexivas en español.

• A menudo se emplea el pasivo en el inglés donde se emplearía **se** en español:
it is thought that, *se piensa que...*
it is believed that, *se cree que...*
• El pasivo se emplea también en inglés para traducir ciertas construcciones reflexivas del español:
the meeting is intended primarily as..., *la reunión se quiso entonces...*

7.5 Verbos auxiliares de modo

7.5.1 Defectivos y "semi-defectivos":

• Los verbos **can, could, may, might, must, will, would, shall, should,** etc., son invariables y no permiten, pues, la **s** en la tercera persona. Funcionan como verbos auxiliares con el infinitivo sin **to**:
he can come, *él puede venir;* you must go, *usted debe ir,* etc.
• Las negaciones y las interrogaciones se construyen con los verbos de modo sin que haya necesidad del auxiliar **do**:

he can't come, *él no puede venir;* must you go? *¿debe usted ir?*

- Algunos otros verbos son calificados como "semi-defectivos", aunque conserven por otro lado las características de los verbos ordinarios (sobre todo si se conjugan normalmente en todos los tiempos), puesto que se comportan en ciertos momentos como verdaderos verbos de modo. Así **to** es posible pero no necesario con el verbo **to help** en:

    he helped his father (to) wash the car,
    él ayudó a su padre a lavar el auto.

→ Pero **to** permanece obligatorio en el pasivo:

    she was helped to clean it, *ella fue ayudada a limpiarlo (se le ayudó a...)*

- **To** no es posible con **make** cuando se refiere a *obligar a:*
they made us clean it,
ellos nos hicieron (nos obligaron a) limpiarlo, pero no es obligatorio en el pasivo:

    we were made to clean it, *fuimos obligados a limpiarlo.*

- Con el verbo **need**, las negaciones y las interrogaciones se construyen con o sin **do** (y con o sin **to**):

    need you go? do you need to go? *tiene usted necesidad de ir?*
    you needn't go, *usted no necesita ir;*
    you didn't need to go, *usted no necesitaba ir.*

7.5.2 Expresión de los tiempos compuestos (futuro, pasado, etc.):

- Puesto que los modales son invariables, no hay forma para la expresión de las formas compuestas. Se puede traducir, *él puede,* por he can o he is able to según el contexto; pero es necesario traducir *él podrá,* por he will be able to. De la misma manera se puede traducir *él puede (= él está autorizado a, a él se le permite)* por he may o he's allowed to, y *él debe,* por he must o he has to, pero habrá que traducir *él podrá (= él tendrá permiso)* por he'll be allowed to y *él deberá,* por he will have to.

→ *¡Atención!* En ciertos contextos, no es posible emplear **to be able to** en lugar de **can,** por ejemplo cuando se trata de un juicio más que de una constatación como en:

    tell her she can come whenever she likes,
    dígale que ella puede venir cuando (ella) quiera.
    could you pass the salt? *¿podría pasar(me) la sal?*

- De la misma manera no es posible emplear **to have to** en frases como:
these problems must be solved, *estos problemas deben ser resueltos;*
this must be finished by tomorrow, *esto debe de estar terminado para mañana.*

• Desde el punto de vista de la concordancia de tiempos **would, should, could,** etc. pueden ser considerados como las formas pasadas de **will, shall, can:**

I said I would do it, *dije que yo lo haría;*
he told me I should/could, *él me dijo que yo debía/podía.*

Pero se trata aquí de una forma llamada "oblicua" que no corresponde necesariamente al tiempo pasado o al condicional, pero que puede ser empleada como una clase de cortesía:

would you be kind enough to..., *podría tener la gentileza de:*

7.5.3 Los verbos modales son ambiguos:

• **Must** se utiliza por una parte para señalar una obligación:
you must try harder, *usted debe hacer más esfuerzo.*

y por la otra para indicar la (casi) certeza:
he must have missed his train, *él debe haber perdido su tren.*

• De la misma manera **can** puede señalar la capacidad de hacer:
you can do it if you try, *usted puede hacerlo si trata*

o la probabilidad:
that can often happen, *eso puede suceder seguido.*

May puede expresar un permiso:
May I leave the table? *¿puedo dejar la mesa?*

o la posibilidad/eventualidad:
that may be the case, *ese puede ser el caso.*

7.5.4 Will/would, shall/should:

• **Shall,** teóricamente en la primera persona, y **will** en la segunda y tercera personas, se utilizan para indicar un tiempo futuro; pero siendo que ambos tienen la misma forma abreviada (**he'll, I'll, you'll...**), se les emplea indiferentemente en la práctica. La diferencia existe sólo en la interrogación.

shall I open the window? *¿es necesario que yo abra la ventana?*

y no: will I...? (que marcaría la incertidumbre de alguien que hablaría solo: *voy a abrir...?*).

• **Will** sirve también para expresar la certeza o lo inevitable:
boys will be boys, *los muchachos serán los muchachos;*
when the cat is away the mice will play, *cuando el gato no está, los ratones juegan;*
salt will dissolve in water, *la sal se disolverá en el agua.*

NOTA: **should** no se emplea únicamente como la forma "oblicua" de shall, sino también (lo mismo que **ought to**) para indicar una cierta obligación.

you should pay him back if you can,
usted debe pagarle si puede.

→ El matiz entre should y ought to está en que con should se trata de un juicio más que de una constatación; con ought to, la obligación es más objetiva.

- **Should** se utiliza también como soporte auxiliar:
  if this should turn out to be the case (o should this turn out to be the case),
  si tal fuera el caso.

7.6 La forma en -ing (participio presente).

7.6.1 El presente del indicativo:

El presente del indicativo del español tiene varias traducciones en inglés. Según el caso se traduce *soy yo quien paga* por I'll pay; *él escribe en el pizarrón* por he is writing on the blackboard; *yo los escucho* por I can hear you, etc.

El presente del indicativo en inglés sirve para indicar un acontecimiento habitual y frecuentemente se asocia con **often, usually, sometimes,** etc. Para indicar una "acción" que se desarrolla, reforzada o no por **now,** o **at the moment,** etc., se emplea la forma en **-ing**.

La distinción es muchas veces implícita. Con:

he wears a tie, *él usa una corbata,* se sobrentiende "habitualmente"

Pero con:

are you wearing a tie?, *¿usa usted corbata?,* se sobrentiende "en este momento".

7.6.2 La noción de duración:

- Se explica generalmente el empleo de la forma en **-ing** insistiendo sobre la duración de la acción y dando ejemplos como:

he is writing, *él está escribiendo.*

- Pero como en el copretérito, no es necesario que la acción tenga una duración particular. Se puede decir por ejemplo:

ah! I'm glad you reminded me; I was forgetting,

¡ah! estoy contento que usted me lo haya recordado; (se) me estaba olvidando

o en el contexto de una emisión radiofónica:

we will be returning to the studio in three seconds precisely,

vamos a regresar al estudio en tres segundos exactamente.

- De la misma manera se puede emplear el pretérito sin problema con duraciones importantes, a condición, claro, de que se trate de hechos o de acciones terminadas. Así:

I waited for you for hours,

yo lo esperé durante horas.

7.6.3 Fijación:

- La forma en **-ing** sirve menos para indicar la duración de "la acción" que para fijar la imagen evocada. Así:

I was just thinking about you when the phone rang,

yo estaba pensando justamente en usted cuando el teléfono sonó.

O bien:

> when he arrived, she was lighting a cigarette,
> *cuando él llegó, ella estaba prendiendo un cigarro.*

- Puesto que se trata en estos dos casos de una imagen, más que de una acción, se tiene la posibilidad de decir no solamente:

> I am/will be leaving tomorrow, *saldré/mañana*

sino también:

> I was leaving tomorrow, but now I have decided to stay here,
> *Yo debía partir mañana, pero ahora decidí quedarme aquí.*

7.6.4 Repetición:

La forma terminada en **-ing** sirve igualmente para remitirse a una imagen que acaba de ser introducida en un discurso, por ejemplo:

> if they arrest him, they will be arresting the only person who could be of any help to me, *si ellos lo detienen, ellos detendrán a la única persona que podría serme útil.*

o:

> when you buy your fruit on the market, you are buying the cheapest produce available, *cuando usted compra sus frutas en el mercado, usted compra el menos caro de los productos disponibles.*

en donde la forma terminada en -ing es obligatoria.

7.6.5 Los verbos de percepción:

- Los verbos llamados de "percepción" **see, hear,** etc., (pero también **want, know, believe,** etc.) están sometidos a más restricciones. Puesto que no se trata de una "acción" propiamente dicha, estos verbos pueden emplearse en el presente de indicativo sin que se trate de una cuestión de hábito.
- De la misma manera, se puede traducir *él quería* o *él sabía*, etc., por **he wanted**, o **he knew**. Pero cuando se trata de una apreciación más que del simple anuncio de una información, se tiene tendencia a emplear la forma terminada en **-ing**:

> I am enjoying myself more and more, *me divierto cada vez más;*
> you are always wanting something, *tú quieres siempre alguna cosa;*
> at last she was seeing him as he really was, *ella lo veía al fin tal como realmente era.*

7.6.6 La distinción entre el presente del indicativo y el progresivo permite expresar algunos matices:

Es posible, por ejemplo, distinguir entre:

> you are stupid! *¡(tú) eres estúpido/tonto!* y
> you are being stupid, *te conduces como un estúpido/tonto.*

Distíngase de la misma manera entre:

> she has a headache, *ella tiene dolor de cabeza y*
> she is having one of her headaches,
> *ella tiene aún uno de esos dolores de cabeza.*

7.7 Tiempos pretéritos

7.7.1 El antecopretérito.

Se emplea el antecopretérito cuando "la acción" se expresa en el pasado en relación a un momento que se encuentra también en el pasado:

she had been looking for him for twenty minutes when suddenly she saw him,

ella había estado buscándolo por 20 minutos cuando de repente lo vio.

I had been married for a couple of years when I realized my mistake,

había estado casado(a) por dos años cuando me di cuenta de mi error.

7.7.2 La relación con el presente:

El antepresente se llama en inglés **present perfect**, ya que se utiliza cuando "la acción" se sitúa en el pasado en relación al presente, más que refiriéndose a otro momento del pasado. De tal forma, el antepresente se utiliza con:

- Now:
  I have finished now, *he terminado ahora.*
- Just:
  I have only just realized, *acabo justamente de darme cuenta.*
- Already:
  I have already decided, *(yo) he decidido ya.*
- Yet:
  have you finished yet?/I haven't finished yet.
  ¿ha terminado ya? no he terminado aún.
- For - Since (con el significado de *desde*)
  I have been thinking about that problem for a long time,
  he (estado) pensando en ese problema desde hace mucho tiempo.
  I have been worried about her since last week,
  he estado preocupado por ella desde la semana pasada.

Observaciones: se emplea el pretérito simple después de **since** con el significado de *desde que:*

since I heard the news, *desde que (yo) oí la noticia.*

¡Cuidado! se utiliza el pasado simple con **last week, yesterday,** etc., puesto que trata de remitir al pasado:

I posted the check yesterday, *puse el cheque en el correo ayer;*
I went out twice last week, *salí dos veces la semana pasada;*
I took the examination last year, *presenté el examen el año pasado.*

Excepto:

I have been to the movies twice this week, *he ido al cine dos veces esta semana.*

NOTA: La selección del tiempo verbal puede depender de la fecha u hora que realmente es. Se trata de saber si se encuentra uno en el interior o en el exterior de la unidad de tiempo de la que se trata. Así se puede utilizar el antepresente con **this year** si se habla a fin de año por ejemplo, o de un acontecimiento que tiene lugar al principio del año; y aun se puede utilizar el pretérito de subjuntivo con **this morning** si se habla durante la tarde o la noche.

- Se emplea el pretérito de subjuntivo con las fechas:
  I visited América in January/in 1987.
  Visité Estados Unidos en enero/en 1987.
- El pretérito de subjuntivo se emplea también con **when,** cuando se trata de remitir al pasado:
  I left school when I was still very young,
  dejé la escuela cuando era aún muy joven.
  También se utiliza de la misma manera con **ago:**
  I saw him two days ago, *lo vi hace dos días.*

7.7.3 Evidentemente la distinción queda implícita.

En contextos diferentes se puede decir:
  he went abroad on holiday recently,
  recientemente, él fue al extranjero durante sus vacaciones.
  he has been asking a lot of questions recently,
  él ha hecho muchas preguntas últimamente;
  o bien:
  él hace muchas preguntas en estos días.

7.7.4 La misma "acción" puede presentarse de dos maneras:

- Para anunciar una noticia se puede decir:
  the President has been re-elected with an increased majority,
  el presidente ha sido reelecto con una mayoría importante.
- Pero si no se trata de una noticia se dirá más bien:
  he was elected, *él fue electo.*
- De la misma manera se puede decir:
  a lot of people have been killed on the roads this year,
  mucha gente ha sido asesinada en las carreteras este año.
  Pero se dirá:
  they were killed because of other people's carelessness,
  ellos murieron a causa del descuido de otras personas.

233

7.8 Respuestas cortas y preguntas de confirmación

7.8.1 Las respuestas cortas:

Para responder a una pregunta cerrada (a la cual se puede responder por **sí** o por **no**) como:

does he like cricket?, *¿le gustaría a él el (juego) cricket* o:
are you coming tonight?, *¿vienes esta noche?*

basta con volver a tomar el auxiliar (el verbo modal o **be, have, do,** según el caso), que es generalmente la primera palabra de la pregunta. Así, la respuesta a las preguntas formuladas anteriormente será:

yes, he does/no, he doesn't, *sí, sí le gusta/no, no le gusta;* y
yes, I am/no, I'm not, *sí, sí vengo/no, no vengo.*

7.8.2 Las preguntas de confirmación:

Se llaman preguntas de confirmación aquéllas en las que la repetición del auxiliar se añade al final de una frase y corresponde en español a varias estructuras:'' ¿(no es) verdad?'', ''¿(no es) cierto?'', ''¿sí?'', ''¿no?'' ''¿de acuerdo?'', etc.
Se distinguen dos casos:

- **después de una afirmación** como:

he likes swimming, *a él le gusta nadar,* o:
she is leaving soon, *ella saldrá pronto.*

es necesario volver a tomar el auxiliar, si existe, o **do** para reemplazar el verbo con significado pleno y ponerlos en forma negativa abreviada, lo que da:

he likes swimming, doesn't he? *a él le gusta nadar, ¿verdad?,* o:
she is leaving soon, isn't she?, *ella saldrá pronto, ¿no?*

- **después de una negación,** se construyen las preguntas ''tag'' volviendo a tomar el auxiliar o **do:**

he doesn't like swimming, does he?, *a él no le gusta nadar, ¿verdad?*
she isn't leaving, is she? *ella no saldrá, ¿no es cierto?*

Según la regla de base, la pregunta de confirmación estará en forma negativa si se trata de una afirmación (y si se espera una respuesta afirmativa); pero será afirmativa si se trata de una negación (y se espera una respuesta negativa).

7.8.3 El caso ''positivo-positivo'':

En ciertos textos se pueden encontrar casos que no corresponden a la regla general, como:

so you've read all those books, have you?
entonces, usted ha leído todos esos libros, ¿no? o:

234

you're Mexican, are you?, *usted es mexicano, ¿no es cierto?*
Estas preguntas pueden formularse de manera irónica, en cuyo caso
se esperaría una respuesta negativa; pero se trata normalmente de una
solicitud de confirmación. Se trata en los dos casos de una continuación de la afirmación anterior (algunas veces implícita).

8. Concordancia de tiempos

8.1 La declaración directa:

he said "I often go there", *él dijo "yo voy ahí seguido";*
he said "I will go tomorrow", *él dijo "iré mañana";*
he said "I went there yesterday", *él dijo "fui ayer ahí";*
he said "I have been there this morning", *él dijo "he estado ahí
esta mañana".*

8.2 La declaración indirecta:

el sistema general es el mismo que en español.
he said he often went, *él dijo que iba seguido;*
he said he would go later, *él dijo que iría más tarde;*
he said he had been earlier, *él dijo que había ido más temprano.*

8.3 Los condicionales:

La concordancia de los tiempos es muy semejante a la del español:
• Así, si la condición está en presente, la principal estará en futuro.
if it stops raining I will go out,
si deja de llover, (yo) saldré.
• Si la condición está en pretérito, la principal estará en condicional:
if it were not raining I would go out,
si no estuviera lloviendo, (yo) saldría.
• Y si la condición está en pretérito la principal estará en condicional
pasado.
if it had rained I would not have gone out,
si hubiera llovido, (yo) no habría salido.

8.4 El futuro después de **when**:

• Desde el punto de vista de la concordancia de los tiempos, **when**
funciona de la misma manera que if. Así cuando una oración relativa está en presente, la principal puede estar ya sea en presente, o en futuro:
I always go outside when it stops raining,
yo siempre salgo cuando deja de llover;
when it stops raining I will go outside,
cuando deje de llover, (yo) saldré.

- Obsérvese que mientras **when** tiene el significado de *cuando*, es decir, cuando se trata de un relativo, no se utiliza nunca el futuro. Pero evidentemente se puede emplear el futuro cuando se trata de una pregunta, es decir cuando **when,** adverbio interrogativo, tiene el significado de en qué momento:

    when will you go and see him?, *¿cuándo irá a verlo?*

9. Las proposiciones relativas

9.1 Describir e identificar:

- Como en español, las comas son necesarias cuando se trata de describir más que de identificar, o de dar una nueva información, un elemento de referencia:

    the book, which was four hundred pages long, was boring,
    el libro, que era de cuatrocientas páginas, estaba aburrido.

- Por el contrario, si se trata de identificar más que de describir y de decir de qué elemento de referencia se trata, las comas no son necesarias:

    the article I wrote last week was interesting,
    el artículo que escribí la semana pasada era interesante.

9.2 En lugar de **who** y **which** que marcan una relación explícita, algunas veces es posible emplear **that**:

    the girl who I liked (o that I liked) left early,
    la muchacha que me gustaba partió temprano.

En ciertos casos, cuando la relación es ya bastante clara, en el contexto, es posible omitir el pronombre relativo, como en:

    the girl I like left early,

Who y that no pueden omitirse cuando son pronombres relativos-sujeto:

    the girl who liked me left, *la muchacha que me quería salió/partió.*

9.3 Traducción de cuyo(a), del cual, de los cuales:

    the man whose money had been stolen,
    el hombre cuyo dinero había sido robado;
    you must study two languages, one of which must be English,
    usted debe estudiar dos lenguas, una de las cuales debe ser inglés;
    you must study two languages including English,
    tú debes estudiar dos lenguas, incluyendo inglés;
    the book about which we were talking, o the book we were talking about, *el libro del que nosotros estábamos hablando.*

NOTA: en inglés moderno, se emplea más seguido **whose** que **of which,** para traducir *cuyo(a), del cual,* etc., aun cuando el antecedente es un objeto y no una persona:

an idea whose time has come, *una idea cuyo momento ha llegado.*

9.4 **Who** y **whom:**

En el inglés moderno, **who** en el caso complemento, tiende a remplazar a **whom**, salvo cuando viene después una preposición. Así encontramos:

who did you write to? *¿a quién le escribió usted?,*
pero también:

to whom did you write.

10. La frase compuesta y sus subordinadas

10.1 Para expresar hechos se puede emplear construcciones con **that,** con el significado de the fact that... (*el hecho que*...):

that the door is open is (is not) surprising,
que la puerta esté abierta es (no es) sorprendente
se encontrará también:

it was (wasn't) surprising that the door was opened,
era (no era) sorprendente que la puerta estuviera abierta.

Obsérvese que en inglés se emplea más el indicativo que el subjuntivo; y que se emplea it, *esto,* más que that, *eso.*

NOTA: puesto que se trata de la expresión de un hecho esta construcción, que funciona tanto en presente como en pasado, no puede ser empleada en condicional, en donde la construcción con el infinitivo es necesaria. (cf. **10.3**)

10.2 Construcciones con el gerundio (forma en **-ing**):

Para expresar siempre hechos más que eventualidades, se puede emplear una forma llamada "gerundio", la cual se obtiene añadiendo **-ing** al final de un verbo en infinitivo sin to. Se le llama igualmente a esta forma: "sustantivo verbal", porque puede funcionar ya sea como sustantivo (siendo sujeto de un verbo), ya sea como un verbo (introduciendo un complemento directo o indirecto). La construcción con caso posesivo: **'s + -ing** puede reemplazar the fact that. Así encontramos:

the door's being open surprises me,
me sorprende que la puerta esté abierta;

my tailor's asking for money did not surprise me,
no me sorprendió la petición de dinero de mi sastre.

Obsérvese que ciertos verbos atraen de todas maneras una construcción con la forma terminada en **-ing**, por ejemplo:

I enjoy walking, *disfruto caminar;*

I regret coming, *lamento haber venido;*

o bien:

I regret his coming, *lamento que él haya venido.*

Otros verbos: to deplore, to dislike, to avoid, to detest, to appreciate, etc.

* Ciertos verbos pueden emplearse ya sea con el gerundio, o con el infinitivo, por ejemplo:

he has started working/to work,

él ha comenzado a trabajar

pero algunas veces hay un cambio de significado. Se distingue por ejemplo entre:

he stopped smoking a month ago,

él dejó de fumar hace un mes

y:

she stopped to light a cigarette,

ella se detuvo para prender un cigarro.

Lo mismo se distingue entre:

I remembered (I forgot) to switch out the light,

yo me acordé (me olvidé) de apagar la luz

y:

I remember (have forgotten) switching on the light,

yo me acuerdo (no me acuerdo) haber apagado la luz.

10.3 La construcción con el infinitivo:

* La construcción: for. . .to se emplea cuando se trata de expresar una eventualidad más que un hecho, como en:

fort the door to be open would (would not) be surprising,

que la puerta esté abierta sería (no sería) sorprendente.

* Esta construcción se emplea en presente con adjetivos, por ejemplo:

the necklace is too expensive for him to buy,

el collar es muy caro para que él lo compre;

* y en construcciones impersonales, como:

it is difficult for him to understand,

es difícil para él de comprender;

it was not possible for him to choose,

no fue posible escoger para él.

* Pero se emplea también el infinitivo (y no el subjuntivo como en español) con ciertos verbos, en construcciones del tipo:

she wants John to stay, *ella quiere que John se quede.*

I want him to go, *yo quiero que él vaya/salga.*

• Esta construcción se llama "proposición infinitiva": el verbo en infinitivo posee un sujeto; cuando este último es un pronombre, está como complemento.

Obsérvese que se puede encontrar también (muy raramente):

I want very much for him to go, *deseo (mucho)/tengo muchos deseos de que él se vaya.*

NOTA: ciertos verbos, empleados en la construcción infinitiva llevan obligatoriamente un complemento directo. No es posible omitir el pronombre (**him**, **us**, etc.) en los ejemplos siguientes:

his parents permitted him to come, *sus padres le permitieron venir;*
that allows us to understand, *eso nos permite comprender (lo);*
she told him to stop crying, *ella le dijo que dejara de llorar;*
I believe him to be honest, *yo creo que él es honesto.*

10.4 En ciertos casos se emplea **and** en lugar de **to**:

go and see what is happening, *vaya y vea lo que está pasando;*
try and do it properly, *trata de hacer lo que es necesario;*
come and see us, *venga a visitarnos;*
wait and see! *¡espera y verás!*

10.5 Construcciones con el subjuntivo:

Ciertos verbos cambian al subjuntivo, sin **s** en la tercera persona:

I suggested that he leave us, *sugerí que él nos deje;*
I demanded that he apologize, *(yo) exigí que él se disculpara;*
I insist that he come, *insisto en que él venga.*

NOTA: algunos de estos verbos se cambian al subjuntivo o al gerundio. Se puede encontrar, con el mismo sentido: I insist on his coming.

---

11. Algunas distinciones difíciles

11.1 As y like:

• En general, **as** se emplea delante de un verbo, mientras que **like** se emplea con un sustantivo:

do as I say, and not as I do, *haz como yo digo y no como yo (lo) hago;*
like father like son, *de tal padre, tal hijo.*

- Pero se puede encontrar **as** (con significado de *como, en función de*) con un sustantivo en una frase como:
  she is working as a secretary, *ella trabaja como secretaria.*

Observación:
Se puede encontrar **as** antes de un sustantivo con el significado de **such as**, *tal como.*

11.2 **So** y **thus:**

- En ciertas construcciones particulares como I think so, I believe so, **so** parece tener el significado de *así (pienso así, yo lo creo así).* Pero al principio de la frase, **so** tiene casi siempre el sentido de *entonces, desde luego, pues:*
  so he missed his train, *entonces él perdió su tren.*
- Para expresar la idea de *así,* se emplea más bien **thus,** o **in this way.**
  ...thus being forced to [stay] overnight in a hotel,
  ...debiendo así pasar la noche en un hotel.

11.3 **Then** y **after:**

- Para expresar la idea de *mientras, después* y *enseguida,* se emplea normalmente **then** más que **after:**
  then he changed his mind, *después él cambió de opinión:*
  and then what happened? *¿y qué pasó enseguida?*
- No se emplea generalmente **after** más que con un complemento:
  and after that, what did he do? *¿y qué hizo él, después de eso?*
- → Obsérvese el sentido de **afterwards,** *después de, enseguida,* que puede sustituirse entonces por **then** o **after** (+ complemento).

11.4 **Say** y **tell:**

Atención con el orden de las palabras:
  to tell someone something = to say something to someone,
  decir algo a alguien
- **Tell** se emplea con un objeto directo:
  I told the others what I wanted to do,
  (les) dije a los otros lo que yo quería hacer;
  I told him so (= I said so), *es lo que yo le dije;*
o en una construcción infinitiva:
  I told them to be quiet, *(yo) les dije que se callaran.*
- **Say** se emplea sin objeto directo con citas textuales y exclamaciones:
  she said, "what a good idea!",
  ella dijo "¡qué buena idea!"
- → Casos particulares con **tell:**
  to tell the truth, to tell lies,
  decir la verdad, decir mentiras;
  to tell a story, *contar una historia;*

to tell the difference (between two things),
decir/distinguir la diferencia (entre dos cosas)

11.5 For y **during**:

• Para indicar una duración se emplea **for**:
he worked for three whole days,
él trabajó durante tres días enteros:
I have been worried about this for a week,
he estado preocupada por eso durante una semana.

• **During** se emplea para hablar de un acontecimiento puntual que tiene lugar durante un periodo que existe independientemente de este acontecimiento (no existe noción de duración):
they got married during the summer,
ellos se casaron durante el verano.
Así:
he did some work every week during the summer,
él hizo algún trabajo cada semana durante el verano
(o se trata de varios acontecimientos puntuales dentro de un periodo determinado), se distingue de:
he thought about it for a week,
él pensó en eso durante una semana
(en donde la actividad llena todo el periodo en cuestión).

11.6 **Make** y **do**:

• De manera muy general, **do** se emplea para hacer referencia a una actividad y **make**, cuando se trata de una (clase de) construcción, de realización o de fabricación:
to do some work, *trabajar,*
to make a cake, *hacer un pastel.*

• Casos particulares:
to do honor to someone, *hacer el honor a alguien,*
to do someone an injustice, *hacer una injusticia a alguien*
to do wonders, *hacer maravillas*
to do business, *hacer negocio.*

• Y para **make**:
to make someone angry, *hacer enojar a alguien*
to make money, *hacer dinero/ganar mucho*
to make one's bed, *hacer (uno) su cama*
to make a deal, *hacer un trato.*

NOTA:
to perform an action, *cumplir/realizar una acción*
to perform an experiment, *hacer un experimento*
to take part in/to complete a training course, *tomar parte en/completar un curso (de entrenamiento)*
to pay attention, *poner/prestar atención.*

Vocabulario

A

able, adj.   capaz (de).
about, prep.   acerca de, en cuanto a.
abroad, adv.   en el extranjero.
absolute, adj.   absoluto.
    absolutely, adv.   absolutamente.
accept, v.   aceptar, admitir.
accident, s.   accidente.
acknowledge, v.   reconocer.
actual, adj.   real, verdadero.
    actually, adv.   verdaderamente.
administration, s.   administración.
admit, v.   confesar, admitir.
advance, v.   avanzar.
    in advance   anticipado.
advertisement, s.   anuncio.
advertising, s.   publicidad.
advice, s.   consejo (s).
    advice, v.   asesorar.
afford, v.   comprarse, tener los medios.
afraid, adj.   espantado
    to be afraid that...   temer que...
after, prep.   después, enseguida.
afternoon, s.   (la) tarde.
afterwards, adv.   enseguida.
again, adv.   de nuevo, otra vez.
age, s.   edad, periodo largo.
    for ages   durante mucho tiempo.
ago, adv.   hace.
    some time ago   hace algún tiempo.
agree, s.   estar de acuerdo.
agreement, s.   acuerdo, convenio.
aim, s.   objeto, objetivo.
    aim, v.   apuntar, tener un objetivo.
all, adj.   todo.
    all right   muy bien.
    not at all   de nada.
already, adv.   ya.
altogether, adv.   completamente.
always, adv.   siempre.

amount, s.	cantidad.
animal, s.	animal.
announce, v.	anunciar.
annoy, v.	molestar, irritar.
another, adj. pr.	otro.
answer, s.	respuesta.
answer, v.	responder.
any, adj. pr.	cualquier (a).
anybody/anyone	cualquiera, alguien.
anything	cualquier cosa.
anything else	cualquier otra cosa.
anyway	de todas maneras.
apologize, v.	disculparse.
apology, s.	disculpa.
application, s.	candidatura.
apply, v.	aplicar, lanzar su candidatura.
appreciate, v.	apreciar.
approve, v.	aprobar.
area, s.	zona, sector.
argue, v.	disputar, discutir duramente.
argument, s.	argumento, disputa.
around, prep.	alrededor de.
arrange, v.	arreglar, disponer, hacer lo necesario.
arrangement, s.	arreglo, disposición.
arrival, s.	llegada.
arrive, v.	llegar.
as, prep.	como, en tanto que.
as long as	desde el momento en que, tanto como, en el supuesto de que.
as well as	así como.
aspect, s.	aspecto.
ask, v.	preguntar.
assume, v.	suponer, admitir a priori.
astonish, v.	admirar.
astonishment, s.	admiración.
at, prep.	a.
at least	al menos.
audience, s.	público, espectadores.
authority, s.	autoridad.

automatic, adj.	automático
automatically, adv.	automáticamente.
average, s.	promedio.
adj.	medio, en promedio.
awake, adj.	despierto, listo.
away, adv.	lejos, de lejos.
awful, adj.	terrible, espantoso.
awkward, adj.	molesto.

B

back, adv.	de regreso.
bad, adj.	malo.
bag, s.	bolsa, maleta.
ban, s.	prohibición.
v.	prohibir.
bank, s.	banco.
banknote, s.	billete.
bargain, s.	oferta, ganga, buen negocio.
into the bargain	además de lo pactado.
bathroom, s.	baño.
beach, s.	playa.
beach bag	bolsa de playa.
because, conj.	porque.
because of	a causa de.
bed, s.	cama.
bedroom	recámara.
beg, v.	suplicar.
before, prep.	antes.
beforehand	por adelantado.
begin, v.	comenzar.
behavior, s.	conducta.
believe, v.	creer.
better, adj.	mejor.
had better...	sería mejor.
between, prep.	entre.
bill, s.	nota de compra, factura.
bike, s.	bicicleta.
motor bike	moto.
birthday, s.	cumpleaños.
bit, s.	punta, pequeña cantidad.

blame, v.	culpar, reprochar.
bore, v.	aburrir.
boring, adj.	aburrido.
borrow, v.	pedir prestado.
boss, s.	patrón.
both, adj. pr.	los dos, ambos.
bottle, s.	botella.
box, s.	caja.
break, v.	romper.
breakfast, s.	desayuno.
bridge, s.	puente.
bring, v.	llevar, cargar.
brother, s.	hermano.
brother-in-law	cuñado.
bus, s.	autobús.
double-decker bus	autobús de dos pisos.
busy, adj.	ocupado.
but, conj.	pero.
buy, v.	comprar.
by, prep.	por, al lado de.
by the way	a propósito, relativo.
bye	adiós.
= *bye-bye*	
= *good-bye*	

C

cable, s.	cable.
call, v.	llamado.
call, v.	llamar.
can, v. defectivo	poder.
candidate, s.	candidato.
car, s.	coche, carro.
card, s.	tarjeta.
care, s.	cuidado, atención.
care about	preocuparse por.
care for	cuidar, ocuparse de.
careful, adj.	atento, cuidadoso.
career, s.	carrera.
carpet, s.	alfombra, tapete.
case, s.	caso.
in case	en caso de.

in any case	en todo caso.
cash, s.	dinero en efectivo.
catch, v.	atrapar.
category, s.	categoría.
celebrate, v.	festejar, conmemorar.
certain, adj.	cierto.
chance, s.	suerte, azar.
by any chance	por suerte, por casualidad.
change, s.	cambio.
change, v.	cambiar.
charge, v.	pedir, cobrar.
cheap, adj.	barato.
check, v.	controlar, checar, verificar.
child, s.	niño.
children	niños.
choose, v.	escoger.
choosy, adj.	delicado, difícil de satisfacer.
circumstance, s.	circunstancia.
class, s.	clase.
class, v.	clasificar.
clean, adj.	limpio.
clear, adj.	claro.
client, s.	cliente.
close, v.	cerrar.
close, adj.	cercano, próximo.
cold, adj.	frío.
comfortable, adj.	cómodo, confortable.
come, v.	venir.
come in	entrar.
commitment, s.	compromiso.
company, s.	compañía, sociedad.
compare, v.	comprar.
compartment, s.	compartimiento.
complain, v.	quejarse.
complaint, s.	queja, reclamación.
complex, adj.	complejo.
complicated, adj.	complicado.
compromise, s.	compromiso.
v.	hacer un compromiso.

concern, s.	interés, preocupación.
as far as I'm concerned	en lo que me concierne.
conclusion, s.	conclusión.
condition, s.	condición.
confirm, v.	confirmar.
confirmation, s.	confirmación (de algo).
congratulate, v.	felicitar.
congratulations, s.	felicitaciones.
consider, v.	considerar.
consideration, s.	consideración.
control, s.	control
under control	bajo control.
convenient, adj.	cómodo, práctico.
convince, v.	convencer.
co-ordinate, v.	coordinar.
cost, s.	costo.
v.	costar.
cottage, s.	casa de campo.
cough, s.	tos.
v.	toser.
count, v.	contar.
count on	contar con.
country, s.	país, región.
course, s.	curso.
of course	claro, claro que sí.
create, v.	crear.
credit, s.	crédito.
credit card	tarjeta de crédito.
critic, s.	crítica.
adj.	crítico.
cross, adj.	colérico, de mal humor.
currency, s.	moneda.
cultural, adj.	cultural.
cut, s.	cortadura.
v.	cortar.

D

dad, s.	papá.
= daddy	

date, s.	fecha.
day, s.	día.
in those days	en aquellos días.
deal, s.	cantidad.
a good deal of	una gran cantidad de.
dear, s.	querido.
oh dear!	¡Dios mío!
debate, s.	debate.
debit, v.	cargar en cuenta.
decide, v.	decidir.
decision, s.	decisión.
definite, adj.	definitivo, seguro.
deliver, v.	entregar.
delivery, s.	entrega.
department, s.	departamento.
depend (on), v.	depender (de).
depressing, adj.	deprimente.
describe, v.	describir.
deserve, v.	merecer.
desperate, adj.	desesperado.
detail, s.	detalle.
diary, s.	agenda, diario.
difficult, adj.	difícil.
dinner, s.	cena.
direction, s.	dirección.
director, s.	director.
disappointed, adj.	decepcionado.
disapprove (of), v.	desaprobar.
disgraceful, adj.	vergonzoso.
dislike, v.	no amar, disgustar.
distance, s.	distancia.
distinction, s.	distinción.
distinguish, v.	distinguir.
disturb, v.	molestar.
divide, v.	dividir.
do, v.	hacer.
do without	hacer a un lado.
dog, s.	perro.
double, adj.	doble.
double-room	recámara doble.
double-decker (bus)	autobús de dos pisos.

down, adv.	(hacia) abajo.
dream, s.	sueño.
dream, v.	soñar.
dreary, adj.	triste, abatido.
dress, s.	vestido, traje.
drink, s.	bebida.
drink, v.	beber.
drive, v.	conducir.
driver, s.	conductor.
drop, v.	olvidar, hacer a un lado.
drop in, v.	visitar, pasar a ver.
drop out, v.	retirarse.
dry, adj.	seco.
dry-cleaning	limpieza en seco, en tintorería.
v.	secar.
dry clean, v.	lavar en seco.
due, adj.	debido, exigible, merecido.
duly, adv.	oportuno, a tiempo.
dull, adv.	opaco, monótono, aburrido.
during, prep.	durante.

E

each, adj.	cada, cada uno.
each other	*uno a otro.*
Easter, s.	Pascuas.
early, adj.	temprano.
eat, v.	comer.
effect, s.	efecto.
effort, s.	esfuerzo.
either, adj.	uno u otro, cualquiera de los dos.
elder, adj.	el primogénito (de dos).
else, adv.	además, de otra manera.
something else	otra cosa.
embarrass, v.	desconcertar, turbar.
empty, adj.	vacío.
encourage, v.	apoyar, reconfortar.
encouragement, s.	ayuda, apoyo.
end, s.	fin, final.
engagement, s.	compromiso, noviazgo.

enjoy, v.	disfrutar.
enough, adj.	suficiente.
enquire, v.	pedir informes.
enquiry, s.	solicitud de informes.
especially, adv.	especialmente.
even, adv.	aún.
evening, s.	noche, velada.
ever, adv.	un día, nunca.
every, adj.	cada, cada uno.
every day	todos los días.
everyday, adj.	cotidiano, todos los días.
everything	todo, cada cosa.
exact, adj.	exacto.
exactly, adv.	exactamente.
exam, s.	examen.
examination, s.	
example, s.	ejemplo.
excuse, s.	excusa.
v.	excusar(se), disculpar(se).
expect, v.	atenerse.
expensive, adj.	caro, costoso.
experienced, adj.	experimentado.
explain, v.	explicar.
explanation, s.	explicación.
extension, s.	extensión (teléfono).
extension cable	cable de extensión (eléctrico)

F

facilities, s.	facilidades, posibilidades.
fact, s.	hecho.
in fact	de hecho.
factor, s.	factor.
fail, v.	fracasar.
fair, adj.	justo, honrado, leal.
fall, s.	caída.
v.	caer.
fall for	dejarse tomar, ser sorprendido.
false, adj.	falso.
family, v.	familia.

famous, adj.	famoso, célebre.
fancy, s.	fantasía.
v.	ser atraído por.
fancy!	¡qué sorpresa!
far, adv.	lejos.
as far as	tan lejos como.
fault, s.	falla, falta, defecto.
favor, s.	favor.
to be in favor of	aprobar.
feel, v.	sentir, sentirse.
feel free to	no dudar en.
fetch, v.	ir a buscar algo, informar.
few, adj.	poco.
a few	pocos.
file, s.	expediente.
film, s.	película.
finance, s.	finanza(s).
financial, adj.	financiero.
find, v.	encontrar.
find out	descubrir.
find time to	encontrar el tiempo de.
fine, adj.	fino, bueno.
cut fine	cortar fino, justo.
finish, v.	terminar.
first, adj.	primero.
fix, v.	arreglar, reparar.
flat, s.	departamento.
follow, v.	seguir.
food, s.	comida.
fool, s.	idiota.
for, prep.	por, para, desde.
foreign, v.	extranjero.
forget, v.	olvidar.
forgive, v.	perdonar.
frank, adj.	franco.
frankly, adv.	francamente.
free, adj.	libre.
freely, adv.	libremente.
friend, s.	amigo.
frighten, v.	dar miedo, aterrorizar.

from, prep.	(originario) de, a partir de.
furniture, s.	muebles, mobiliario.

G

game, s.	juego.
garage, s.	cochera, garage.
gear, s.	velocidad.
gear box	caja de velocidades.
general, adj.	general.
get, v.	llegar a.
get along with sb	llevarse bien con alguien.
get at	querer llegar a.
get away with	librarse de.
get going	ponerse en camino.
get up	levantarse.
give, v.	dar.
give up	dejar de, abandonar.
glad, adj.	contento, feliz.
go, v.	ir.
go along with	dar su consentimiento.
go on	continuar.
go well	pasarla bien.
good, adj.	bueno.
good night	buenas noches.
my goodness!	¡Dios mío!
good-bye!	adiós.
grant, s.	beca.
grateful, adj.	agradecido.
great, adj.	magnífico.
grumble, v.	protestar, gruñir.
guest, v.	invitado.

H

habit, s.	hábito, costumbre.
half, s.	mitad
hand, s.	mano.
on the other hand	por otra parte, por otro lado.
happen, v.	suceder, sobrevenir.
hard, adj.	duro, difícil.

hardly, adv.	apenas.
harm, s.	daño.
hat, s.	sombrero.
hate, v.	odiar.
have, v.	tener, tomar.
have to	deber tener que.
healthy, adj.	saludable, de buena salud.
hear, v.	oír.
hello!	hola, buenos días.
help, v.	ayudar.
can't help (-ing)	no poder evitar.
her, adj. pos	su (su de ella).
here, adv.	aquí.
hers, pr. pos.	(el)suyo, (la)suya, etc.
high, adj.	alto.
hire, v.	contratar.
his, adj. pos.	su, sus (de él).
pr. pos	(el)suyo, (la)suya, etc.
hold, v.	tener, sostener.
hold up	detener, retardar.
holiday, s.	vacación(es).
honest, adj.	honrado.
honestly, adv.	honestamente, francamente.
hooligan, s.	vagabundo, hombre de malas costumbres.
hope, s.	esperanza.
v.	esperar.
hotel, s.	hotel.
how, adv.	¿cómo?
how many? pl.	¿cuántos?
how much? sg.	¿cuánto?
hurry, s.	prisa, precipitación.
v.	apresurarse.
hour, s.	hora.
husband, s.	marido, esposo.

I

idea, s.	idea.
ill, adj.	enfermo.

255

immediate, adj.	inmediato.
immediately	inmediatamente.
impossible, adj.	imposible.
impression, s.	impresión.
impress, v.	impresionar.
in, prep.	en, dentro, a.
include, v.	incluir
including	con inclusión de, incluyendo.
inconvenient, adj.	molesto, inoportuno, inconveniente.
incredible, adj.	increíble.
indeed, adv.	verdaderamente.
indicate, v.	indicar.
indicator	indicador.
influential, adj.	influyente.
information, s.	información, informe.
insist, v.	insistir.
inspector, s.	inspector
instance, s.	ejemplo.
for instance	por ejemplo.
instead, prep.	en lugar de.
adv.	en lugar de.
instruction, s.	orden, instrucción.
insurance, s.	seguro (de vida).
international, adj.	internacional.
internationally, adv.	internacionalmente.
interested (in), adj.	interesado (en).
interfere, v.	interferir.
intermediate, adj.	intermedio.
interrupt, v.	interrumpir.
interview, s.	entrevista.
invitation, s.	invitación.
invite, v.	invitar.
involve, v.	implicar.

J

jacket, s.	chamarra.
jam, s.	compota, conserva.
traffic jam	embotellamiento de tránsito.
job, s.	trabajo, puesto.

256

just, adj.	justo.
adv.	apenas, justamente
to have just	acabar de.

K

keep, v.	guardar.
keep awake	mantener despierto.
key, s.	llave.
killer, s.	asesino.
kind, adj.	gentil, amable.
kind of, s.	especie de.
knee, s.	rodilla.
know, v.	saber, conocer.

L

last, adj.	último.
at last!	finalmente.
late, adj.	retardado.
later on	más tarde.
least, adj.	(el) menor.
at least.	al menos, por lo menos.
leather, s.	piel, cuero.
leave, s.	permiso de descanso (laboral), licencia (de trabajo), despedida.
v.	dejar, abandonar.
there is one left	queda uno.
lecture, s.	conferencia.
left, adj.	izquierdo.
legitimate, adj.	legítimo.
leg, s.	pierna.
lend, v.	prestar.
less, adj.	menos.
let, v.	dejar, permitir.
let down	decepcionar.
license, s.	licencia, permiso.
life, s.	vida.
lift, s.	elevador.
like, v.	amar, gustar.
adj.	como, parecido.
likely	verdadero.

list, s.	lista.
listen (to), v.	escuchar.
live, v.	vivir.
long, adj.	largo.
as long as	tanto como, puesto que.
look, v.	mirar.
look after	cuidar, ocuparse de.
look for	buscar.
look up	buscar.
look (worried)	parecer (preocupado).
lose, v.	perder.
lost	perdido.
(a) lot (of), s.	mucho.
lovely, adj.	agradable, encantador.
luck, s.	suerte.
lucky	afortunado.
lunch, s.	comida.
lunchtime	hora de la comida.

M

M.A. (= Master of Arts)	Maestría en Artes.
main, adj.	principal.
make, v.	hacer, fabricar.
make sure that	asegurarse de que, verificar que.
man, s.	hombre, humanidad.
manager, s.	gerente.
manage, v.	administrar.
manage to	hacer arreglos para, arreglárselas para.
mankind, s.	humanidad.
many, adj.	muchos, numerosos.
mark, s.	calificación, marca.
matter, s.	tema, pregunta.
may, v. defectivo.	poder.
mean, v.	significar, querer decir.
mean to	hacer algo a propósito.
means, s.	medios.
mention, v.	mencionar.
meet, v.	reunirse, conocer.
meeting, v.	reunión.

might
(pasado de **may**), v.   poder (permiso).
mile, s.   milla.
mine, pr. pos.   mío(a), míos(as).
mind, s.   mente.
   in (his) mind   en su mente.
   make up (one's)   decidirse.
   mind
   v.   poner atención.
   do you mind?   ¿le molesta?
miss, v.   extrañar.
mistake, s.   error, falta.
modest, adj.   modesto.
moment, s.   momento.
   at the moment   en este momento.
money, s.   dinero.
mood, s.   humor, ambiente.
morning, s.   mañana.
most, adj.   la mayoría.
motor bike, s.   moto.
motorway, s.   autopista.
mouth, s.   boca.
move, v.   mover(se), cambiarse.
movies, s.   cine.
much, adj.   mucho.
   how much?   ¿cuánto?
music, s.   música.
must, v. defectivo   deber (obligación).
my, adj. pos.   mi, mis.
myself, pr, refl.   yo mismo.

N

name, s.   nombre.
near, adj.   cerca.
   nearly, adv.   casi.
neck, s.   cuello.
need, v.   necesitar.
negotiate, v.   negociar.
neighbour, s.   vecino.
nerve, s.   nervio(s).
   get on sb's nerves   poner nervioso a alguien.

next, adj.	próximo, siguiente.
never, adv.	nunca.
news, s.	noticia(s).
newspaper, s.	periódico.
night, s.	noche.
good night!	*buenas noches.*
no, adv.	no.
adj.	ninguno.
no smoking.	prohibido fumar.
noise, s.	ruido.
normal, adj.	normal.
notice, s.	aviso.
v.	notar, observar.
note, s.	nota.
banknote	billete.
now, adv.	ahora.
number, s.	número.

O

object, v.	objetar, desaprobar.
obvious, adj.	obvio, evidente.
ovbiously, adv.	evidentemente.
obstinate, adj.	obstinado.
occasion, s.	ocasión.
occasionally, adv.	ocasionalmente.
o'clock, adv.	
two o'clock	las dos (en punto).
of, prep.	**de,** etc.
of course!	¡claro!, ¡por supuesto!
off, prep., adv.	noción de (alejamiento).
to be off	partir.
offer, s.	oferta, proposición.
v.	ofrecer, proponer.
office, s.	oficina.
okay (= **O.K.**), adv.	de acuerdo.
old, adj.	viejo, antiguo.
on, prep.	sobre, en, a.
one, adj.	uno.
the one that	el (la) que.

once, adv.	una vez.
only, adv.	sólo, solamente.
open, v.	abrir.
adj.	abierto.
opinion, s.	opinión.
opportunity, s.	oportunidad.
or, conj.	o.
order, s.	orden.
v.	ordenar.
organize, v.	organizar.
other, adj.	otro.
otherwise, adv.	de otra manera.
ought, v.	deber (obligación).
our, adj. pos.	nuestro(a), nuestros(as).
ours, pr. pos.	el(la) nuestro(a), los(las) nuestros(as).
out, prep.	fuera.
out of order	descompuesto.
to go out	salir.
outside, prep.	por fuera.
all over	por todas partes, por todos lados.
(it is) over	(estar) terminado.
overnight, adv.	durante la noche, de la noche a la mañana.
to (stay) overnight	pasar la noche.
overtake, v.	dar vuelta (en auto).
owe, v.	deber (dinero).
own, v.	poseer.
his own (book), adj.	su propio (libro)

P

pair, s.	par.
panic, s.	pánico.
pardon?	¿perdón?
park, v.	estacionar (un coche).
particular, adj.	particular.
party, s.	fiesta.
pass, v.	pasar.
pass (an exam)	pasar (un examen).
past, adj.	pasado.
(get) past, prep.	pasar.

(half) past two	dos y media.
patient, s.	enfermo.
adj.	paciente.
patronize, v.	patrocinar.
patronizing, adj.	condescendiente.
pay, v.	pagar.
pay back	reembolsar.
people, s.	gente.
perennial, adj.	eterno, perpetuo.
perfect, adj.	perfecto.
perfectly	perfectamente.
perhaps, adv.	quizá(s).
person, s.	persona.
personal	personal.
personally	personalmente.
persuade, v.	persuadir.
piano, s.	piano.
pianist, s.	pianista.
pick, v.	escoger, seleccionar.
pick up	recoger.
pile, s.	montón.
pity, s.	lástima, pena.
place, s.	lugar.
plan, s.	plan, proyecto.
v.	planear.
plane (= airplane)	avión.
plastic, s. y adj.	plástico.
please!	¡por favor!
pleased, adj.	contento, satisfecho.
pleasure, s.	placer.
plenty, s. pr.	abundancia.
plug, s.	contacto (eléctrico).
point, s.	punto, punta.
no point in	inútil.
(+ v. en -ing)	
political, adj.	político.
popular, adj.	popular.
possible, adj.	posible.
possibly, adv.	posiblemente.
post, s.	correo.

262

v.	poner en el correo.
post office	oficina de correo(s).
postpone, v.	posponer, remitir a
pound, s.	libra.
practice, s.	práctica, entrenamiento.
practice, v.	practicar.
precise, adj.	preciso.
prediction, s.	predicción.
prefer, v.	preferir.
preferable, adj.	preferible.
present, s.	regalo.
adj.	actual.
press, s.	prensa.
pretty, adj.	bonito(a).
price, s.	precio.
prior, adj.	anterior.
probable, adj.	probable.
probably, adv.	probablemente.
problem, s.	problema.
produce, v.	producir.
program, s.	programa.
project, s.	proyecto.
promise, s.	promesa.
v.	prometer.
proper, adj.	apropiado, conveniente.
proof, s.	prueba.
prove, v.	demostrar.
provide, v.	proveer, proporcionar.
provided that	puesto que.
public, adj.	público.
push, v.	empujar.
put, v.	poner.
put down	poner, hacer.
put off	remitir, posponer.
put up with	soportar, tolerar.

Q

qualifications, s.	calificaciones, diplomas.
quality, s.	calidad.

quarter, s.	cuarta parte.
quarter of an hour	cuarto de hora.
question, s.	pregunta.
no question of	no es cuestión de.
quick, adj. y adv.	rápido.
be quick	ser rápido.
quickly, adv.	rápidamente.
quite, adj.	más bien, bastante.
quite good	bastante bien.
quite right	completamente justo.
quiz, s.	juego (concurso).

R

rain, s.	lluvia.
v.	llover.
rate, s.	tasa, porcentaje.
at this rate	a este ritmo.
rather, adj.	bastante, más bien.
would rather	preferir.
ready, adj.	listo.
real, adj.	real, verdadero.
really, adv.	verdaderamente.
realize, v.	darse cuenta.
reason, s.	razón.
reception, s.	recepción.
reckless, adj.	temerario.
record,	1) archivo. 2) disco.
v.	grabar.
red, adj.	rojo.
red-haired	pelirrojo.
reduction, s.	reducción.
reduce, v.	reducir.
referee, s.	árbitro.
reflection, s.	reflexión.
regret, s.	arrepentimiento.
v.	lamentar.
relations, s.	1) padres. 2) relaciones.
reliable, adj.	confiable.
relief, s.	alivio.
remain, v.	permanecer, quedarse.

remember, v.	recordar(se).
remind, v.	recordar algo (a alguien).
repair, v.	reparar.
replace, v.	reemplazar, sustituir.
report, s.	reporte, informe.
represent, v.	representar.
reservation, s.	reservación.
reserve, v.	reservar.
responsible (for), adj.	responsable (de, por).
rest, v.	descansar.
restaurant, s.	restaurante.
result, s.	resultado.
return, s.	regreso.
return (ticket)	boleto de ida y vuelta.
revenue, s.	salario, ganancia.
ridiculous, adj.	ridículo.
rid (of), v.	deshacerse de.
right, adj.	a la derecha.
be right	tener razón.
ring (up), v.	llamar por teléfono.
risk, s.	riesgo.
v.	arriesgar.
road, s.	calle, carretera.
room, s.	cuarto, pieza.
room (for)	lugar (para).
round, adj.	alrededor.
all round	por todos lados, de todos los puntos de vista.
come round	pasar a ver a alguien.
run, v.	correr.
run out (of)	no tener, "estar corto".
rule, s.	regla, reglamento.
as a rule	por regla general.
rush, v.	precipitarse.
rush hour	hora de mayor afluencia.

S

safe, adj.	seguridad, salvo.
sailor, s.	marinero.

salesman, s.	vendedor.
same, adj.	(el) mismo.
all the same	a pesar de todo.
satisfy, v.	satisfacer.
satisfactory.	satisfactorio.
school, s.	escuela.
seat, s.	asiento.
secretary, s.	secretaria.
see, v.	ver.
we'll see	ya veremos.
seem, v.	parecer.
send, v.	enviar.
sense, s.	sentido, inteligencia.
service, s.	servicio.
set, v.	poner, disponer, colocar.
set up	instalar.
shame, s.	vergüenza, lástima.
shampoo, s.	shampoo.
share, v.	compartir.
shoe, s.	zapato.
in (your) shoes	en su lugar.
shop, s.	tienda, almacén.
v.	ir de compras.
shopkeeper	comerciante.
short, adj.	corto, pequeño.
show, s.	espectáculo, exposición.
on show	expuesto.
variety show	espectáculo de variedades.
v.	mostrar.
show round	mandar, visitar.
side, s.	lado.
sign, s.	signo, indicación.
signpost, s.	poste indicador.
single, adj.	solo, único, soltero.
single (ticket), s.	boleto sencillo.
Sir (nunca seguido de un nombre), s.	señor.
size, s.	talla.
sleep, s.	sueño.
v.	dormir.
slow, adj.	lento.

slow (down), v.	disminuir la velocidad.
so, conj.	pues.
so as to	para, de manera que.
so that	para que, de suerte que.
soon, adj.	pronto.
soap, s.	jabón.
soap opera	(telenovela.)
sole, s.	suela.
solution, s.	solución.
some, pr.	algo.
somebody	alguien.
someone	alguien.
something	alguna cosa.
somewhere	alguna parte.
son, s.	hijo.
spare, adj.	repuesto.
spare time	tiempo libre.
especial, adj.	especial.
spell, v.	deletrear.
= *spell out*	descifrar.
spend, v.	gastar.
spend time	pasar (el tiempo)
spoil, v.	arruinar.
stalls, s.	butacas.
stand, v.	estar parado.
(can't) stand	(no poder) soportar.
start, v.	comenzar.
to start with	para comenzar.
statement, s.	declaración, afirmación.
sweeping statement	juicio, radical.
station, s.	estación.
stay, v.	permanecer.
stick, v.	pegar, engomar.
to get stuck	quedar atorado, atrapado.
still, adv.	aún, sin embargo.
stop, v.	detener.
straight, adj.	derecho, directo.
straight on = *straight ahead*	todo derecho.
stretch, v.	extender, tender.

stubborn, adj.	obstinado.
stuffy, adj.	sofocante.
suburb(s), s.	suburbios.
subway, s.	el metro, el subterráneo.
success, s.	éxito.
suit, v.	convenir.
suitable, adj.	conveniente.
sum, s.	suma, cálculo.
suppose, v.	suponer.
sure, adj.	seguro.
sure!	¡claro! ¡seguro!
surely	seguramente.
make sure	verificar, asegurarse.
surprise, s.	sorpresa.
v.	sorprender.
switch, s.	interruptor.
switch on, v.	prender.
switch off, v.	apagar.
system, s.	sistema.

T

take, v.	tomar, llevar.
take too long	tomar demasiado tiempo.
take off	despegar.
talk, s.	discurso.
v.	hablar.
taste, s.	gusto.
v.	gustar.
taxi, s.	taxi.
tea, s.	té.
tease, v.	hacer cosquillas, fastidiar.
telephone, s.	teléfono.
television, s.	televisión.
tell, v.	decir, contar.
tempt, v.	tratar.
terrible, adj.	terrible.
terribly, adv.	terriblemente.
thank you! =	¡gracias!
theatre, s.	teatro.

then, adv.	entonces.
thing, s.	cosa.
think, v.	pensar.
think up	inventar.
ticket, s.	boleto.
till, adv.	hasta.
= until	
time, s.	tiempo.
find time	encontrar tiempo.
have time	tener tiempo.
in time	a tiempo.
on time	a tiempo.
timetable	horario.
(this) time	esta vez.
tired, adj.	cansado, fatigado.
though, conj.	aunque.
through, prep.	a través.
today, adv.	hoy.
tomorrow, s.	mañana.
too, adv.	demasiado, también.
top, s.	alto, cima.
adj.	primero.
touch, v.	tocar.
(keep) in touch	mantener(se) en contacto.
towards, prep.	hacia.
town, s.	ciudad.
traffic, s.	circulación, tráfico.
traffic lights	semáforos.
traffic jam	embotellamiento.
train, s.	tren.
transfer, s.	transferencia.
bank transfer	transferencia bancaria.
travel, v.	viajar.
traveler, s.	viajero.
traveler's check	cheque de viajero.
treat, s.	trato.
treat, v.	tratar.
trick, s.	truco.
tricky, adj.	tramposo.
trip, s.	excursión, viaje.
trivial, adj.	trivial.

true, adj.	verdadero.
try, v.	tratar, probar.
try on	probar(se ropa).
tube, s.	metro.
turn, v.	girar.
turn on	encender un aparato eléctrico.
turn up	llegar.
turning, s.	giro.
twelve, adj.	doce.
twenty, s.	veinte.
type, v.	escribir a máquina.
= *type out*	mecanografiar.

U

um..., conj.	mm..., ejem...
unbelievable, adj.	increíble.
underlie, v.	sostener.
underline, v.	subrayar.
understand, v.	comprender.
unemployed, adj.	desempleado.
unfortunate, adj.	desdichado.
unfortunately, adv.	desafortunadamente.
unheard of, adj.	desatendido, desoído
unless, conj.	a menos que.
unmoved, adj.	impasible, indiferente.
unprepared, adj.	desprevenido, no preparado.
unreasonable, adj.	irrazonable.
until, prep.	hasta.
unusual, adj.	inusitado, insólito.
uppers, s.	cabeza (del calzado).
upset, adj.	enfadado.
urgent, adj.	urgente.
us, pr.	nosotros(as).
use, v.	utilizar, usar.
to be used to	tener la costumbre de.
useful, adj.	útil.
useless, adj.	inútil.
usual, adj.	acostumbrado.

V

valid, adj.	válido.
value, s.	valor.
valuable, adj.	valioso.
variety, s.	variedad.
vehicle, s.	vehículo.
vulgar, adj.	vulgar.

W

wait, v.	esperar.
waitress, s.	mesera.
walk, v.	caminar.
want, v.	querer.
warn, v.	advertir.
waste, s.	gasto superfluo.
v.	malgastar.
watch, v.	mirar.
way, s.	camino, dirección, calle.
by the way	a propósito.
on the way	en el camino.
week, s.	semana.
weekend, s.	fin de semana.
well, adv.	bien.
as well (as)	así como.
well off	rico, confortable.
well-done	bien hecho.
what, adj.	que, lo que.
when, adv.	cuándo, en qué momento.
which, pron.	cualquier.
who, pron.	quien.
whole, adj.	todo (completo).
on the whole	en conjunto.
whoops! interj.	¡vaya!
why, adv.	por qué.
wide, adj.	ancho.
wife, s.	esposa.
will, v.	(auxiliar para futuro).
win, v.	ganar.
window, s.	ventana.

wire, s.	alambre (eléctrico).
wish, s.	deseo, voto.
v.	desear, querer.
with, prep.	con.
within	en el interior.
without	sin, en el exterior.
witness, s.	testigo.
v.	ser testigo.
wonder, s.	maravilla.
v.	preguntarse.
wonderful, adj.	maravilloso.
work, s.	trabajo.
v.	trabajar.
worked up	(sobre) excitado.
world, s.	mundo.
worry, s.	preocupación, inquietud.
v.	preocuparse.
worse, adj.	peor.
worth, adj.	que vale la pena, valioso.
wrong, adj.	falso, erróneo.

Y

year, s.	año.
yes, adv.	sí.
yesterday, adv.	ayer.
yet, adv.	ya, aún.
you, pr.	tú, ud(s).
young, adj.	joven.
your, adj. pos.	tu, su (de ud(s)).
yours, pr. pos.	el suyo, la suya.
yourself, pr.	usted mismo.

Esta obra se terminó de imprimir y encuadernar en junio
de 2002 en Programas Educativos, S.A. de C.V.
Calz. Chabacano No. 65 México 06850, D.F.

La edición consta de 10 000 ejemplares

Empresa Certificada por el Instituto Mexicano de Normalizació
y Certificación A. C. Bajo las Normas ISO-9002:1994/
NMX-CC-004:1995 con el Núm. de Registro RSC-048
e ISO-14001:1996/NMX-SAA-001:1998 IMNC/
con el Núm. de Registro RSAA–003

Possibilities

Diálogo 1

— To tell the truth, I'd be surprised if he brought her with him.
— Why didn't we just ask him?
— If we'd asked him he would have realized that we know they are going out together[1].
— Well, what about it[2]? It's not for us to decide what friends he should have, but we can talk[3] about them, can't we?
— Yes, but all the same, we wouldn't want to give the impression that we were interfering or anything like that.
— I'm going to telephone him. That's the only thing to do. He must understand that I'll have to know how many people are coming.

Diálogo 2

W. = Mr Wright   M. = Mr McDowell

W. — Do you suppose that Mr Brown would be interested[4] in coming over[5] for the week?
M. — I expect he would[6]. He may not be able to spare[7] the time, but even if he can't get away[8], he'd certainly appreciate the invitation.
W. — Yes, but now you mention it, for him to[9] be able to arrange things at such short notice would be rather unusual, don't you think? It may be easier if we postponed[10] the whole thing.
M. — Possibly, but for us to put it off[11] now would be really inconvenient for every one else. Of course we'd all be pleased if he could come; but if he can't, we'll just have to make the best of it[12].
W. — Quite. And I suppose that whatever week we chose[13], we'd have the same problem.
M. — Yes. But even now that the date has been fixed, there's no harm in asking[14] him. You never know, if we try hard enough[15], we may be able to persuade him.
W. — I hope so, but I'd be surprised. After all, it's probably out of the question for him to drop[16] everything just like that!

---

interfere	[ɪntə'fɪər]	unusual	[ʌn'juːʒʊəl]
appreciate	[ə'priːʃɪeɪt]	persuade	[pɜː(r)'sweɪd]

4 - Verbos que indican confirmación de hechos:

to testify to something	testificar algo
to certify	certificar
to bear out	probar
to confirm	confirmar
to vouch for sth, sb.	responder, garantizar de (algo); salir fiador por (alguien)
to authenticate	autentificar, autorizar

5 - Otros adverbios y expresiones:

undoubtedly	indudablemente
undeniably	innegablemente
indisputably	indiscutiblemente
admittedly	de la opinión general
genuinely	legítimamente, verdaderamente
to my knowledge	para mi conocimiento
I'm positive	estoy convencido, seguro
it is self-evident	es patente
it speaks for itself	eso habla por sí mismo
it goes without saying	se sobreentiende, huelga decir

Facts | **Ejercicios** | 38-4

Tradúzcase:

1. Hay dos testigos que confirmarán eso (que están preparados para confirmar eso).
2. Todos reconocen que él no iba tan aprisa.
3. El no detenerse (el hecho de no haberse detenido) le creará problemas.
4. Será difícil en un plazo tan corto.
5. Yo estaba sorprendido del hecho de que (ellos) quisieran venir con nosotros.
6. Él cambió (ha cambiado) de opinión.
7. No podemos permitirnos (ese gasto).

Respuestas

---

1. There are two witnesses who will confirm that (are prepared to confirm that).
2. Everyone agrees that the was not going all that fast.
3. It's his not stopping which (that) will get him into trouble.
4. It will be difficult at such short notice.
5. I was surprise at their wanting to come with us.
6. He changed (he has changed) his mind.
7. We can't afford it.